听三折念經系列
有趣得让人睡不着

三折的金融学②

金融创新

三折人生 著

法律出版社 LAW PRESS·CHINA

序言一
Preface

通常来说，金融学是个让人又想亲近又觉得难以亲近的学科。一方面，金融学与我们的生活息息相关，小到柴米油盐恩格尔系数，大到货币政策中美贸易战，都绕不开它；但另一方面，金融学具有一套自身完备的术语和逻辑，即便我们经常能在热点新闻里听到和看到一些名词，也常常知其然而不知其所以然。市面上众多的金融学读物，对大多数读者来说过于枯燥，读不下去也情有可原。

作为具有多年金融行业从业经历的金融老兵，三折兄的这本《三折的金融学》真正做到了举重若轻。即便大家不从事金融行业，《三折的金融学》作为一本金融扫盲读物也非常值得关注。与一般的金融学读物不同，本书作者用具象的情景和诙谐的语言将金融学用漫画的形式呈现出来，把晦涩的术语揉碎了再平铺开来，使金融学专业知识有了极强的可读性。

本书分为“基础概念篇”、“宏观指数篇”、“金融业务篇”、“金融工具篇”和“金融创新篇”，从点到面，由浅及深，十分适合读者循序渐进地了解身边的金融学。在普及金融专业知识的路途中，好的领路人能让我们充分、精准地学习金融学最核心、最前沿、最实用的知识，但又不存在过高的专业门槛。幽默的漫画和通俗易懂的文字，在不知不觉中就让我们理解了那些看似“高冷”的术语。

以本书提到的 FOMC 为例，一个听起来挺陌生的词，原来就是“套了个马甲”的美联储，这对我们来说就是熟悉的老朋友了。但美联储到底是什么，其组成架构、职能以及对我们的影响如何，读者们大多并不清楚。但通过本书的十多幅漫画，美联储背后的运行逻辑及其对金融市场、普罗大众的生活影响一目了然。

本书最难能可贵的是，三折人生的漫画延续了以往的风格，幽默风趣，与时事热点结合在一起，赋予古板和晦涩的金融学术语以鲜活的灵魂，真正做到了打破金融学高冷的“假面”，使他变得平易近人。所以，别犹豫了，请跟随本书进入三折人生的金融学世界。

陈府申

金杜律师事务所合伙人

新媒体图解金融创始人

2020 年 9 月 29 日

序言二

Preface

你不理财，财不理你。金融也一样，你不关心金融，金融就不会来关心你。多掌握些金融知识，不仅有助于个人财务管理，而且也能以更加客观准确的视角，观察丰富多彩的世界。

金融知识覆盖大众不是一件容易的事。大众对金融“高大上”的距离感主要来自两个层面：其一是金融业存在大量专业术语，这是大众与金融之间的第一道壁垒；其二是金融交易本身的复杂性，举一个简单的例子，大部分人都曾频繁的在监管文件中了解到“穿透”一词，却不明白究竟何为穿透、为何穿透、如何穿透，故非从业者即使了解术语的表意，还存在知其然而不知其所以然的困境。

因此，做好金融科普除了需要具备专业素养和对金融市场的深刻见解外，更重要的是具备将“复杂问题简单化”并以生动的形式进行表达的能力。有此能力且有志于此的人并不多见。

本书作者三折人生具有多年金融行业从业经历，目前深耕“三折人生”公众号，曾与上海证券交易所、深圳证券交易所以及众多知名金融机构合作，公众号的文章主要以漫画形式进行投资者教育、法规及金融产品讲解，妙趣横生，紧贴金融热点，拥有众多忠实的读者，在业内具有很强的独特性和知名度。

《三折的金融学》呈现了一个“接地气”的金融市场。形式既简单又有趣，实现了“五分钟”讲解一个看似高大上的金融问题，深入浅出又不失专业性。本书最大的亮点在于通过简短的漫画，以极具生活化的比喻对金融进行通俗的解释，让金融术语变得不那么“高冷”。并且使读者在了解金融知识的同时，对于相关交易的内涵有更深入的了解，而非停留在晦涩的概念解释上。

本书涵盖了近两年频繁提及的热门话题，划分了金融概念、宏观指数、金融工具、金融业务以及金融创新五个专题，既包括对久期、融资租赁、FOMC、ABS 等金融交易的解释，又覆盖了与大众生活息息相关的汇率确定、第三方支付等常见问题，并选入了智能投顾、区块链等热点，在内容上兼顾了大众与从业者的需求。希望这本兼具专业与诚意的图书，能够打破大众对于金融市场的畏惧，以“接地气”的形式，将金融市场的面貌呈现给大众。

张岸元

中信建投证券首席经济学家

2020 年 10 月

前言
Foreword

三折的书终于出版啦，我那颗淡定的小心脏还是比往日跳得快了那么一点点。

手捧着自己的书，回首往昔，金融和漫画成为我生命中挥之不去的标签。

我记得小时候，每次开学，拿到还飘着墨香的课本的时候，第一件事就是翻看里面的图片，然后顺手在封面、内页等地方画上自己喜欢的动漫角色，仿佛这样课本才有灵魂。随着年龄的增长，学业压力增大，我渐渐克制了自己的这个爱好。

但爱好不会磨灭，有时候仿佛一棵韭菜，到了一定的时候，就又会肆意增长。2016 年微信公众号开始逐步流行，我也是在那时开始以“三折人生”的名义创作，当时权当是自己的一个业余调剂，把工作上的感悟、生活中的点滴，通过画笔展现出来。没成想，这一画就是四年多，把业余调剂硬生生变成了一日三餐，还顺道出版了书！生活太神奇啦，一波三折的人生，才是人生啊。

下面我就简单介绍一下我的人生。我本硕读的都是金融学，对，我是个专一的人，虽然我后来发现硕士的内容和本科差不多，只是论文要写得长一点。然后我又顺理成章地进入金融行业，而且这一漂浮就是十余载，有时候工作真的使人快乐，工作节奏都快到乐不起来。记得有时候开会，仿佛只有蹦出佶屈聱牙的专有名词才能显得专业。对一个金融术语，不能叫它的中文全名，必须叫它的英文名称，还是首字母缩写！仿佛不这样叫，开会就没有了灵魂！虽然当时我也蹦着“首字母缩写”，但内心总是想怒吼，大哥，我们是在特务接头吗？必须让别人听不懂才行？

所以这本书，就是想让读者们在碰到首字母缩写的时候，能真正了解其背后的含义，成为一本能让人秒懂的书。

如果您对金融感兴趣，又对天花乱坠的金融概念无所适从的话，那么这本书应该很适合您。如果您在读了这本书以后，感觉真能起到那么一点点作用，我脸上一定能泛起蒙娜丽莎般的微笑。有时候阳春白雪不那么美，下里巴人才是真的俊，您说是不是？

本书是三折人生早期的一些作品，后续还会将最新作品集结成册，成为系统的金融读物。但是，由于我在金融行业漂浮的还不够长久，毕竟头还没秃，还没变得那么强，书中难免有错误或者纰漏，也请广大读者们给予指正，我一定认真整改，好好学习，天天向上。

最后，还是要感谢给予本书最大支持的各位老师和朋友，你们的指正、校对、纠错，你们的汗水和鼓励，才让我能最终完成书稿；我还要感谢我的家人，月亮照我前行！

对了，有很多读者问我为什么叫三折人生？哦，先让我保有这个小秘密，好不好？再次感谢读者朋友，你们的关注，才让这本书有了灵魂！

特别声明：本书观点仅供参考，不构成投资建议。

目 录

Contents

1 金融工具篇

2 金融创新篇

金融工具篇

1. ETF 不是外星人

今天说说 E—T—

今天是要说 E—T—F，没你啥事。

ETF 即交易所交易基金（Exchange Traded Funds）。

但要说清楚 ETF，我们要先说说指数。

哦，不是手指数。

哦，不不不，也不是脚指数，
我们说的指数，是指分析经济现象数量变化的一种重要统计方法，
如股票指数。

举个简单的栗子。

我开了个水果店，有苹果，有香蕉，还有不少西瓜和榴莲。

这是个有味道的水果店。

老板啊，今天水果价格整体趋势怎么样啊？比昨天贵吗？
为了让顾客知道每日水果价格的变动，我决定创造一个指数。

我每天将店里水果总价格除以总重量，得出水果价格平均数。
今日水果
5元／斤
哦哦，懂了，每天公布平均数给顾客，这个数就是指数呗？
这还没完，上面的平均数是个绝对值，我用相对值更有可比性。
10元／斤
5元／斤
3元／斤
怎么个相对值？

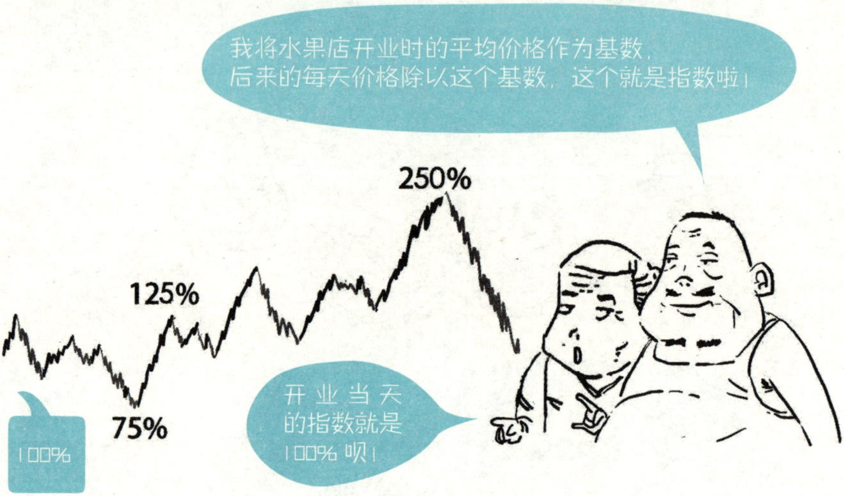

$$第1天指数=\frac{第1天的价格}{第1天的价格}=100\%$$

$$第2天指数=\frac{第2天的价格}{第1天的价格}$$

$$第3天指数=\frac{第3天的价格}{第1天的价格}$$

……

嗯，把上面水果店看成股市，水果看成各个股票，
用上面的方法就能得出股票指数啦。

股票指数就是表示股票市场总的价格水平变化的指标。

我们所说的沪深 300 就是从上海交易所和深圳交易所中挑选最大的 300 家大型企业构建的股票指数。

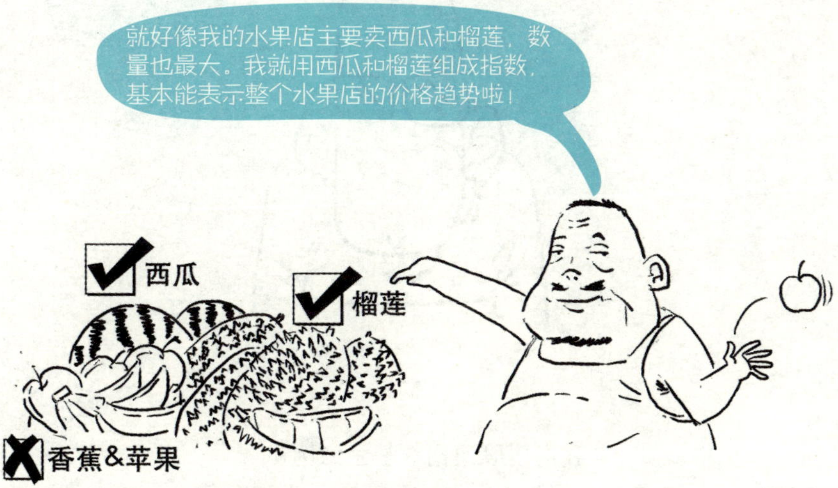

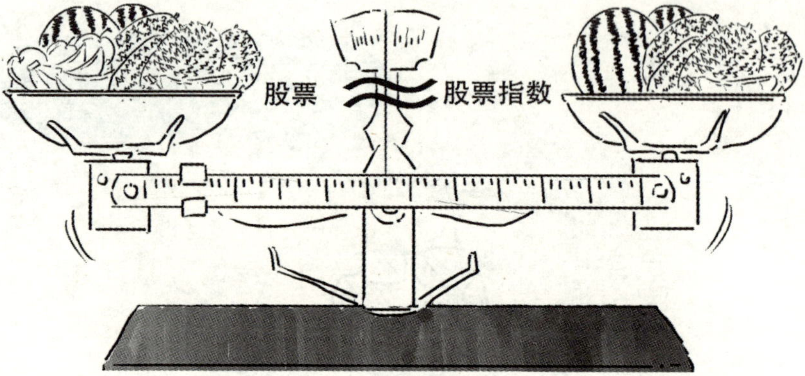

从理论上来说，若你选取 250 家大型企业构成指数，
沪深 250 也是可以有的。

我们以股票指数基金为例，
就是基金经理以指数成份股作为投资对象，
购买那只指数所包含的股票，模拟出指数的表现。

比如，沪深 300 的指数基金就是按照一定权重，购买这 300 只股票，复制出沪深 300 走势，指数涨，基金就涨；指数跌，基金就跌。

知道大海里沙丁鱼为啥要成群结队一起游吗？

一条鱼确实有可能比一群鱼聚在一起游得快。

但风险也会相对更高。

一群鱼可能会游的慢点，但依靠群体的力量可获得更大的逃生机会，让敌人眼花缭乱，故风险也更低。

同理，对股票投资者来说，单只股票，可能涨的很多，也可能跌的很多。而若选择众多股票，则分散了风险，表现会相对稳健。

嗯，指数基金就是以此设计的，通过购买该指数的全部或者部分成份股构建投资组合，以追踪标的指数表现的基金产品。

所以指数基金是一个被动管理式基金，基金经理只要跟踪重要指数的样本股，并以相同比例来构建最小化跟踪误差的组合就可以了，交易费用也会更低。

国外绝大多数 ETF 是指数基金。
目前国内推出的 ETF 也是指数基金。

因为 ETF 不仅是指数基金，还有其他特点。

那么，我们接着说说开放式基金和封闭式基金。

简单地说，开放式基金就是不限定投资总规模，
投资者可以随时向基金公司申购或者赎回基金份额。

这里的鸡就相当于开放式基金的份额，鸡的数量是会增加或者减少的。

与之相对应，封闭式基金就是限定了基金总规模，发行成功后一段时间内基金公司不再接受投资者申购和赎回。

封闭式基金在封闭期，里面的鸡不会增加也不会减少。

也不是，投资者可以将封闭基金份额通过证券交易所转让给其他投资者，即在二级市场进行买卖。

由于封闭式基金在封闭期不能随时被赎回，募集的资金可全部进行投资，基金公司可以制定长期投资策略，投资收益相对较高。

而开放式基金为了应对投资者随时赎回，则不能全部用于长期投资，一般需要投资变现能力较强的资产。

你猜 ETF 是封闭式基金还是开放式基金？

不对～

不对～

ETF 既是开放式也是封闭式。

ETF 与封闭式基金一样，可以通过证券交易所在二级市场买卖。
也可与开放式基金类似，随时允许投资者向基金公司申购和赎回基金份额。

但是，ETF 的申购和赎回与一般开放式基金不同，
需要用“实物”。

不是这个食物，
是用一揽子股票这些实物，而不用现金。
具体的我们下次再说吧。

综上，我们大致了解了 ETF 的概念，
而且 ETF 还有个更直观的名字，
叫交易型开放式指数基金。

一句话名词解释

ETF：交易所交易基金（Exchange Traded Funds），属于指数型基金，可以通过证券交易所在二级市场买卖，也可以随时允许投资者向基金公司申购和赎回基金份额。

股票指数：度量和反映股票市场总体价格水平及其变动趋势而编制的股价统计相对数，是表示股票市场总体价格水平变化的指标；沪深 300 就是从上海交易所和深圳交易所中挑选最大的 300 家大型企业构建的股票指数。

指数基金：通过购买某“标的”指数的全部或者部分成份股构建投资组合，以追踪“标的”指数表现的基金产品。

股票指数基金：基金经理以指数成份股作为投资对象，购买那只指数所包含的股票，模拟出指数表现的基金。

2. 定投指数基金

长生不老的产品？

那么我们说说定投指数基金？

其实我们今天说的是股票指数基金，
这是一种选股规则。

指数基金我们上一节说过，就是通过指数各成份股的相同比例来构建投资组合，模拟和复制出指数表现的基金产品。

指数涨，基金就涨；指数跌，基金就跌。

指数基金是被动型基金，
受基金经理的人为因素影响较小。

知道了指数基金，我们来说说定投。

定投就是定期定额投资的意思，
一般我们所说的定投，需要满足三要素，

哦，不不不，这里的三要素是指三固定，
一般定投是在固定的周期，投入固定的资金，购买固定的标的。

当然，在定投的不断发展中，三要素也非绝对的，演变出多种投资方式，
如定期不定额等，这都是投资者根据市场走势做出的相应调整。

但不管怎么说，
定投可以在一定程度上减少投资者由于择时错误带来的投资风险。

我们还是

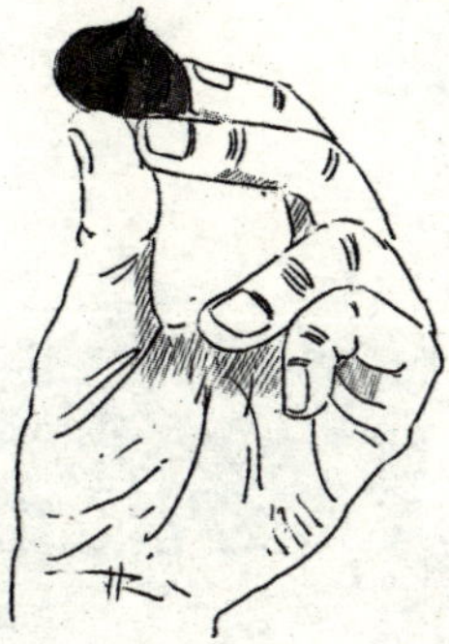

举个栗子

有一只兔子，有把小锄头。

怎么确保挖到萝卜呢?
东挖一个，西挖一个，挖到的概率较低，而且深挖的话，还可能……

有的股票投资者也会遇到类似情况。

甚至遇到 10 个没有投资经验的股民，会出现——

七个亏，二个平，还有一个割韭菜

因为有的投资者总是不定期东买一个，西卖一个，追涨杀跌，完美错过牛市，深度拥抱熊市。

返回我们刚才的例子，
若兔子走一步挖一个小坑，虽然累点，但挖到萝卜的概率就大大提升了。

既然我们无法踩准股市的节奏，那么我们也按照这个方法来操作——
在股市中匍匐前进，定投指数基金。

我们来模拟一下，
假设你每个月领到工资，除去吃喝拉撒和留下的私房钱，
你定期拿出 1000 元来投资指数基金。

当股市下跌，指数基金价格下降，你拿出 1000 元。

当股市上涨，指数基金价格也随之上升，你还是拿出 1000 元。

相当于低价多买“筹码”，高价少买“筹码”，降低了平均持仓成本。

只要这样不断坚持投资，荣辱不惊，你就可以——

哦，不不不，坚持这样投资，等到价格回归中高位时，
你就可以获得不错的收益，而且风险较小。

这里有个默认前提，指数基金有长期上涨的趋势。

随着我们公司生产力、生产效率的不断提升，公司盈利能力增强，指数基金就能不断上涨。

不管是美国道琼斯指数，还是我们的上证综指，都表现出曲折上涨的趋势。

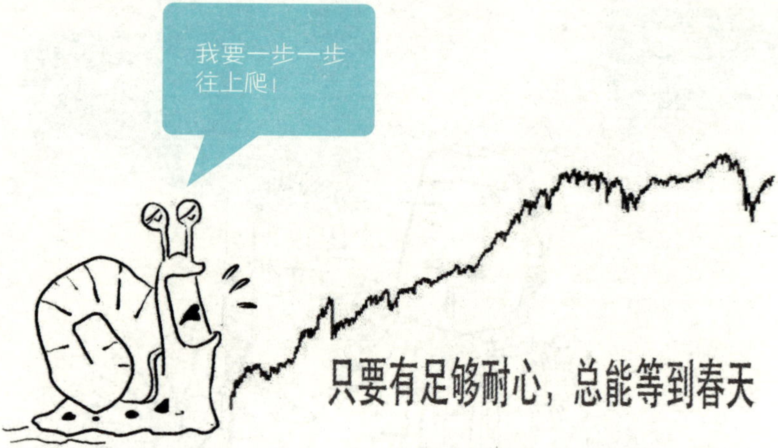

比如，在 A 股指数基金定投 20 年，年化收益率差不多是 10%~13%。

因为定投是每期投入的，所以我们要考虑货币的时间价值。

我们以美元为例，
以前的一刀和现在的一刀是不一样的。

你们给我出去!

我这里说的一刀是 1 dollar,
比如,80 年前的 1 dollar 可以买 20 瓶可乐,而且通过存银行也能赚取利息,但我现在给你 1 dollar,可能只能买一瓶白水喽。

所以 80 年前的 1dollar 和现在的 1 dollar 是不能等价的。

就像鲁迅曾经说过，

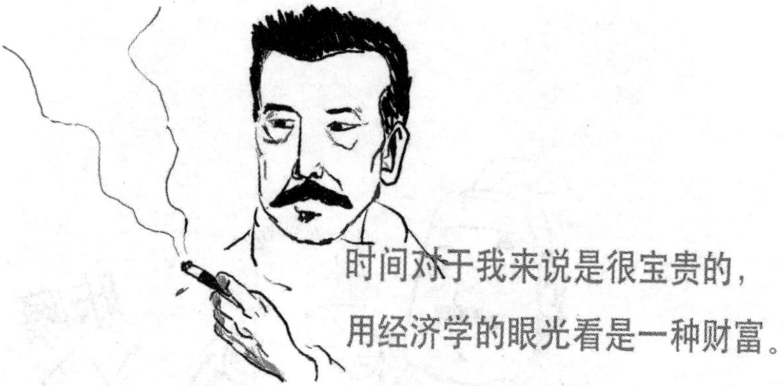

所以我们定投指数基金即使每期投入相同金额，
折算成现值也是不一样的。

我们每期投入 1000 元，假设 1 年后价值 13000 元，
我们的每期收益率为 r，那么：

$$\frac{1000}{(1+r)}+\frac{1000}{(1+r)^2}+\cdots\cdots\frac{1000}{(1+r)^{12}}=\frac{13000}{(1+r)^{13}}$$

最近的1000元现值　　12个月后的1000元现值

则可以算出定投每期收益率 r=1.23%，
这个也可通过 excel 中的 irr 公式得出，具体我们就不展开了。

哦，不不不，我们要考虑复利，该例中年化的定投收益率应该是：

$$(1+1.23\%)^{12}-1=15.7\%$$

通过这种方式，我们就可以知道……

哦，差点忘记说了，
一个公司股票是有可能消亡的，但是一般来说指数是不会消亡的。
一个股票不行了，可以吸收新的股票。

因而，指数基金也具有永续性，
就是我们所说的长生不老。

指数基金定投适用于中长期的投资策略，
我们尽可能地选择那些被低估的产品。
但短期内还是存在亏损风险，甚至较长一段时间内都没有起色，
关键是你要——

一位大师曾经说过，通过定投指数基金，一个什么都不懂的业余投资者，
竟然往往能够战胜大部分专业投资者。

① 巴菲特说过，投资就像滚雪球，需要找到那条长而湿滑的雪道。

公元前 210 年，
秦始皇，
卒。

一句话名词解释

定投：在固定的周期，投入固定的资金，购买固定的标的；定投可以在一定程度上减少投资者由于择时错误带来的投资风险。

3. FOF，外婆不是那个奶奶

今天我们说说 FOF。

奶奶会生气？为啥？

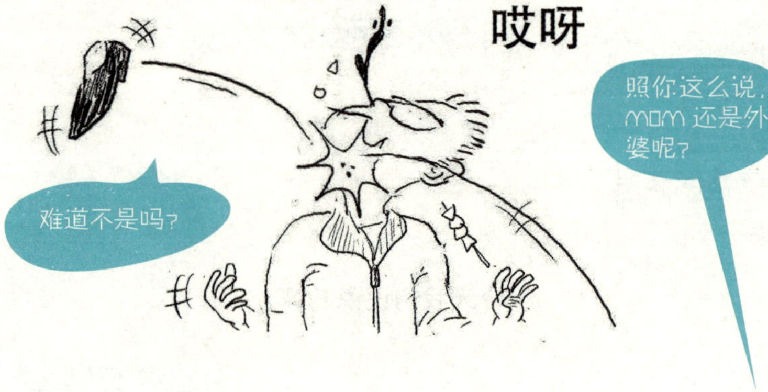

FOF（Fund of Fund）是一种专门投资于其他投资基金的基金。
FOF 不直接投资股票或债券，其投资范围仅限于其他基金。

来，我们看个场景。

想吃鱼，可我技术不够啊！
我是捕鱼小能手，嚯嚯嚯
咦？
哇，那个大叔偷瞄我，看来又被我的姿态折服了。

我们将大叔想象为主基金（一个 F），鸬鹚为子基金（另一个 F），捕鱼的收益为基金收益。投资人从大叔那儿购买的就是 FOF 基金。

因为不是所有鸬鹚都擅长捕鱼啊，
你很难辨别清楚。

虽然大叔不直接捕鱼，但其有专业的挑选鸬鹚的能力和评价体系，这就是基金筛选能力。

不同的鸬鹚擅长捕不同的鱼，所以大叔挑选的鸬鹚也是多样化的，
不至于在某种鱼淡季的时候收益降低。

这就是资产配置能力。

通过 FOF 专业化资产配置，能有效分散风险。

了解了 FOF，
我们再来说说你外婆是怎么回事。

MOM 全称为 Manager of Manager，即管理人的管理人基金，是指基金管理人通过长期追踪、研究其他基金经理投资过程，挑选投资能力较好的基金经理并委托他们进行投资管理的一种投资模式。

MOM 和 FOF 的主要区别是：

1. 产品模式和组合对象不同：FOF 筛选和组合的是优质基金产品；MOM 组合的是优质基金经理，将基金资产委托给这些基金经理管理。

2. 收费不同：FOF 投资现有市场的基金产品，易出现双重收费，即标的基金收费一次，FOF 再收费一次；MOM 则是在底层基金层面单一收费。

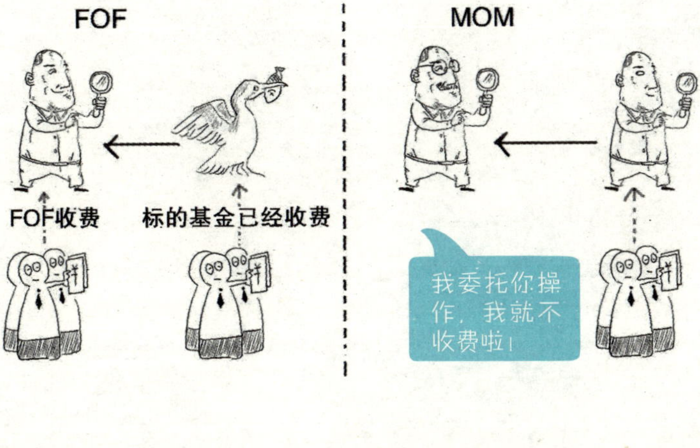

除了 FOF 和 MOM，还有其他组合，比如 TOT、FOT、TOF，模式也都是类似的。

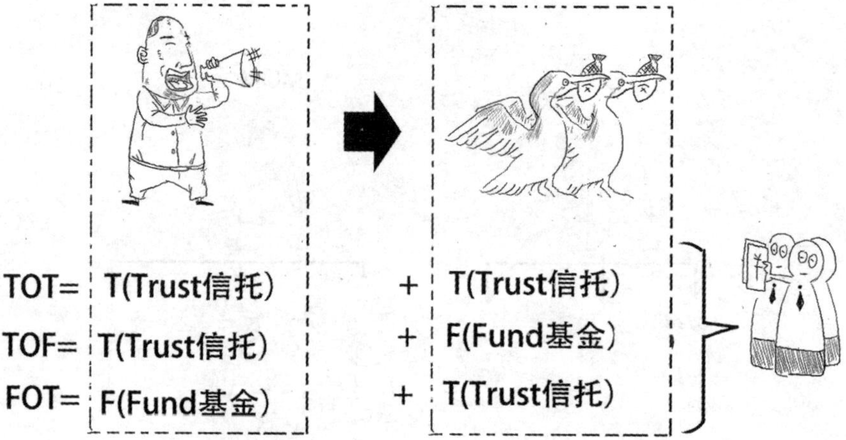

具体我们就不详细说了，大家可以举一反三。

一句话名词解释

FOF：全称 Fund of Fund，是一种专门投资于其他投资基金的基金，FOF 不直接投资股票或债券，其投资范围仅限于其他基金。

MOM 和 FOF 的主要区别：1. 产品模式和组合对象不同；2. 收费不同。

4. 定向增发，原来是这样的增发

这一节说的是定向增发。

哦，不不不，不是这样定向的！！
快把武器放下，放下，被定向锁定的都是大客户！！

定向增发简称定增，是指上市公司向符合条件的少数特定投资者非公开发行股份的行为。

我们分开来解释：

所谓增发，
假设上市公司股份有 10000 股，

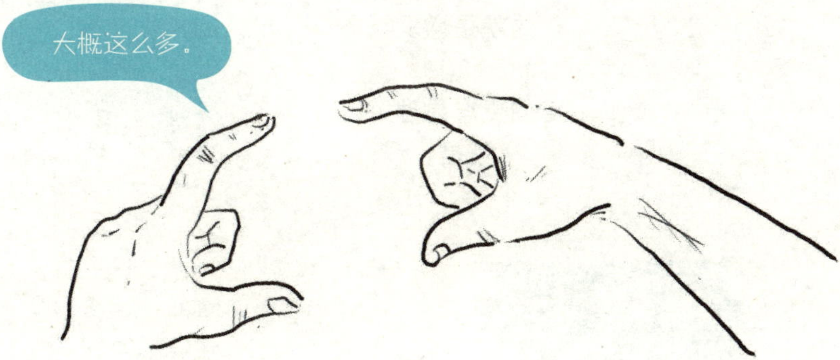

上市公司出于融资需要，向市场发放更多的股份，
比如增加 4000 股，共计就有 14000 股了。

这就是增发。

定向更容易理解，
就是，

好了好了，你赢了，快把武器放下。
定向就是针对特定人群，是非公开的。

已经上市的公司在证券市场上直接融资的行为被称为再融资。
定向增发就是被广泛采用的一种再融资方式。

因为定增对上市公司的要求比较少，包括盈利、利润分配、融资规模、发行频率的要求都是不限制的。

而公开增发、发行债券等方式，对财务状况则有非常严格的指标要求。

想什么？想发行债券是吧？来，躺好，让我全身检查一下。
相关部门
上市公司

哦，不是，我只是想定向增发。
相关部门
上市公司

“翻包检查”的内容，主要是要求上市公司最近 1 年及 1 期财务报表未被会计师出具保留意见、否定意见或者无法表示意见的审计报告，或者涉及以上意见的重大影响已经消除。

这里所说的意见，是指注册会计师对被审计者财务报表是否真实反映其财务状况等而发表的意见。

意见分为以下四种：

含义分别是：

1. 无保留意见：注册会计师认为财务报表符合合法性与公允性，无须调整。

2. 保留意见：注册会计师认为财务报表整体是公允的，但存在影响重大的错报。

3. 否定意见：注册会计师认为财务报表整体是不公允的或没有按照适用的会计准则规定编制。

4. 无法表示意见：说明注册会计师的审计范围受到了限制，且其可能产生的影响是重大而广泛的，会计师不能获取充分的审计证据。

所以若要定增，
首先要看看意见簿上的内容。

我们来简单说一说，
1. 在主板、创业板定向增发的发行对象不超过 35 人。

2. 发行价不得低于定价基准日前 20 个交易日公司股票均价的 80%。

别人投这么多钱，你不打个折，谁买啊？

对投资者来说，就相当于增加了安全垫，提高了投资者的收益概率。

打折太多就达不到融资的要求了，
而且也会存在利益输送的问题。

3. 定增发行股份自发行结束之日起 6 个月内不得转让。

控股股东、实际控制人及其控制的企业认购的定增股份，
则 18 个月内不得转让。

若不这样，上市公司哪有动力把业绩做好？

定增的收益来自现在拿到的定增价格和转让时股票价格的浮动收益。

定增收益的基本公式如下：

定增的收益＝ 折价率 ＋ 市场波动收益（ β ）＋ 个股成长性收益（ α ）

就好像：

折价率

市场波动收益（β）

个股成长性收益（α）

不行哦，定增的投资门槛还是很高的，
都是几千万起投，
所以参与者一般是大型机构投资者。

毕竟，收益和风险是始终并存的啦。

定向增发，
让世界不再有脱发烦恼！

一句话名词解释

定向增发：简称定增，是指上市公司向符合条件的少数特定投资者非公开发行股份的行为。

再融资：已经上市的公司在证券市场上直接融资的行为；定向增发就是被广泛采用的一种再融资方式。

定向增发的特点：1. 发行对象不超过 35 名；2. 发行价不得低于定价基准日前 20 个交易日公司股票均价的 80%；3. 定增发行股份自发行结束之日起 6 个月内不得转让；控股股东持有定增股份的，18 个月内不得转让。

5. 明股实债，是否该卸下的双面人生

哦，明股实债啊，
也被称为名股实债。

假设一个月黑风高夜，

你一个人走在黑漆漆的乡间小路上。

突然，一个黑影飘过来，你大叫：

然后你打开灯笼，仔细一看：

完美，演技我给一百分！开灯！

明股实债从字面意思上理解，即为表面上是股权投资，实质上是债权投资。

作为一种创新性的投资方式，明股实债虽然形式上以股权的方式投资于被投资企业，但本质上却具有债权投资的特征，被投资公司实际承担偿还责任，比如具有回购义务等。

那我们首先看一下股权和债权的区别。

1. 收益方式不同：债权要求有固定的回报，一般有明确的还本期限，但无论公司经营多好，都无法享受超额回报。

股权则按照企业盈利情况分红，可享受超额利润，且没有固定的到期期限。

2. 权利不同：股权投资者作为股东，有参与决策投票的权利。债权则无投票权。

3. 风险程度不同：当企业破产时清偿顺序不同，先还债，后还股。股权可能无法得到清偿。

股权和债权各有利弊，
明股实债模式应运而生。

1. 通过“明股实债”的投资模式，投资方可在较低风险前提下获得相应收益，具有债的特点。

2. 通过“明股实债”的投资模式，融资方可在账目上扩大自身的股本金，不占用授信额度，也可以有效降低资产负债比，具有股的特点。

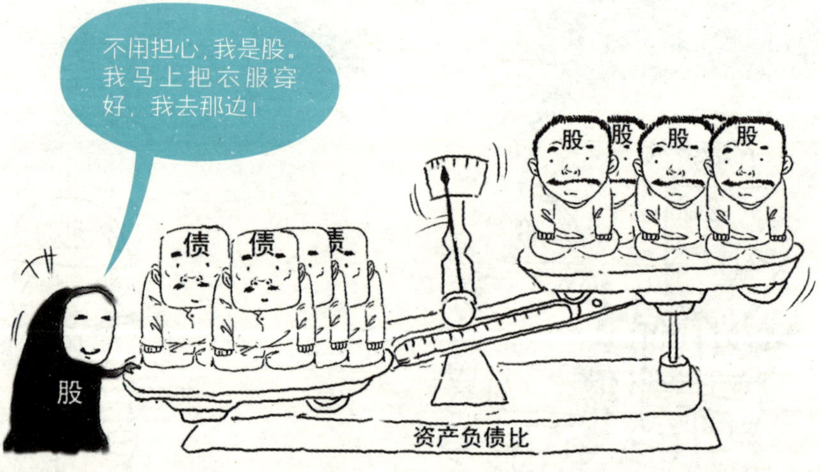

明股实债是各方利益诉求博弈的结果，
当然也存在风险。

（1）信用风险

信用风险来自融资方是否如约履行回购义务，
是否具有支付回购款的能力和意愿。

一旦出现经营困难，融资企业可能会做出逃避债务的选择。

（2）法律风险

明股实债法律地位不明确，是介于股权和债权投资之间的模糊状态。

在司法实践中，若明股实债被认定为股权投资，
则投资人不能主张还本付息，不能得到定期收益。

即使被认定为借贷，投资人的预期收益也无法实现，
因其高于银行同期利率的部分可能无法得到法院支持。

（3）收益风险

在标的公司进入破产清算程序时，股权投资是要劣后于债权进行受偿的，投资人需要承担股权本身所带来的风险。

（4）管理风险

在“明股实债”的交易模式下，投资方往往享有收益，但并不参与实际经营管理。这就会导致股东权的落空，投资方对标的公司缺乏有效监管。

这就是实在的明股实债。

2020 年 9 月监管部门发布意见稿，一般情况下私募基金不得进行明股实债投资。

一句话名词解释

明股实债：又被称为名股实债，即为表面上是股权投资，实质上是债权投资；形式上以股权的方式投资于被投资企业，但本质上却具有债权投资的特征，被投资公司实际承担偿还责任，如具有回购义务等。

股权和债权的区别：1. 收益方式不同；2. 权利不同；3. 风险程度不同。

6. 可转债，要转啦，要转啦

转换人生是不可能了，
但你可以考虑一下可转债。

转起来~

不是，
可转债是指在一定条件下，可以被转换成股票的债券，
应该是这样转：

债性

转啦转啦！

所以可转债具有债性、股性和可转换性三重属性。

可转债的持有人有两种选择：

1. 持有债券到期，获取固定利息。

2. 在约定的时间内转换成股票，享受股利分配或资本增值。

我们举个栗子吧。
隔壁老王开了个养鸡场，但生意不好。

会生蛋的母鸡，走过路过不要错过！优惠大放送！
怎么个优惠法？
这只母鸡卖你100元，我给你一个权利，你可以随时将这只母鸡换成公鸡。
怎么换？换多少？
100

你可以按照每只公鸡 25 元的固定价格来我这儿换，就是你的母鸡可以换 4 只公鸡。
100

100
=
25
+
25
+
25
+
25

任何时候都可以换？
只要你的母鸡健康活着就行。
成交，买了！
100

这位大爷买了母鸡以后，我们来看看会发生什么：

在市场上，假设母鸡的价格相对稳定，比如是 100 元；
公鸡的价格会出现波动。
1. 当市场上的公鸡价格小于 25 元，如 20 元时：

2. 当市场上的公鸡价格大于 25 元，如 50 元时：

4 只公鸡的价格市价就是 200 元，
这位大爷可赚大发了。

好了，以上就是可转债的过程。

老王 = 发行可转债的公司，
母鸡 = 可转债，
母鸡下的蛋 = 债券利息，
公鸡 = 老王公司的股票，公鸡的市价就相当于股票的市场价格了。

我们再来简单模拟一下可转债的过程：

我把这份可转债卖给你，面值是100元，你可以收取利息哦！
不要，利息太低
可转债
100

我再给你一个权利，你可以在可转债到期前，随时将它转换成我们公司股票，就按照25元的转股价呗！
可转债
100

然后发生的事情大家应该都猜到了：

1. 当该公司股票市价跌到 25 元转股价以下时：

2. 当该公司股票市价高于 25 元转股价时：

当然，可转债还有些耍赖条款。

对啊，耍赖，
你小时候一般怎么耍赖的？

对对对，差不多就是这个意思！

1. 提前赎回条款

这个条款是保护发行可转债的上市公司的。若此股票出现飙涨，远超过约定的转股价时，该条款赋予发行公司一个权利，可以按照事前约定的价格将可转债赎回。

2. 回售条款

这个条款是保护投资者的。一般会限定一个时间段，比如，当发行公司的股票在任何连续 30 个交易日，收盘价低于转股价 70% 时，可转债投资者可以将持有的可转债按照面值加上应收利息的价格回售给发行公司。

3. 下调转股价

可转债发行公司将原先约定的转股价下调，可避免股价下跌后，投资人提前回售。

现在股价确实跌得厉害，这样吧，我调低转股价到 15 元，我们继续玩呗！
可转债
股票

为啥一定要继续玩？回售就回售呗！

因为欠的债要还，
若转成股票就不用还了啊。

发行公司会尽可能地让投资人将可转债转成股票的。

嗯，这就是可转债。

一句话名词解释

可转债: 在一定条件下，可以被转换成股票的债券，可转债具有债性、股性和可转换性三重属性。

提前赎回条款: 债券发行公司在债券契约中约定，若可转债对应的股票出现飙涨，远超过约定的转股价时，该条款赋予发行公司一个权利，可以按照事前约定的价格将可转债赎回。

回售条款: 债券发行公司在债券契约中约定，一般会限定一个时间段，比如，当发行公司的股票在任何连续 30 个交易日，收盘价低于转股价 70% 时，可转债投资者可以将持有的可转债按照面值加上应收利息的价格回售给发行公司。

7. ABS 可不是复数

哦，当然不是，
我们来简单说说 ABS 吧。

ABS 全称资产支持证券（Asset-Backed Security），
将缺乏流动性但具有未来现金收入流的资产打包，建立资金池，
并通过结构性重组方式，将其转变成可出售和流通的证券。

当然，刘备有时候也不直接出钱收购资产，而是安排专人来买，就是常说的 SPV（可变利益载体）。

比如信托、券商专项资管计划、基金子公司资管计划等都可以成为 SPV。

就这样，关羽未来卖枣子的钱作为现金流保证，获得了当下的融资，这就是 ABS。

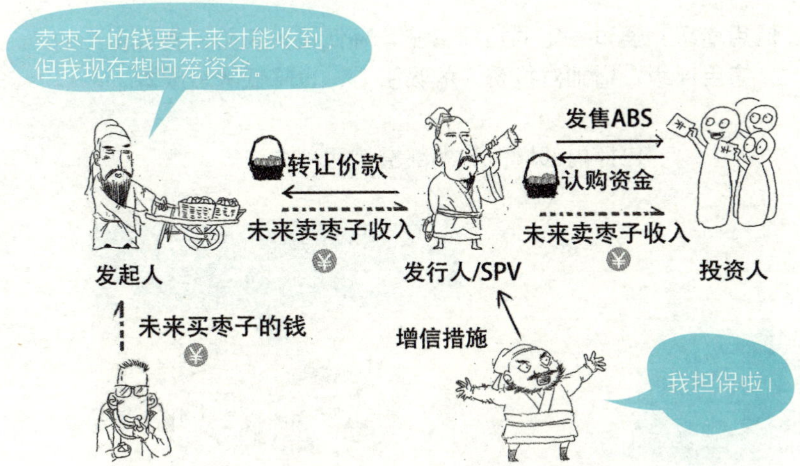

ABS 有一些基本特点：

1. 风险隔离：发起人真正把 ABS 的收益和风险转让给 SPV，通过真实出售实现风险隔离。

投资人以“破产隔离”的资产组合为保障，极大地减少了因发起人发生接管、重组等情况所带来的风险。

2. 信用增级：通过一定的担保措施，降低投资风险，提升资产的信用评级，增加对投资人的吸引力，也降低融资成本。

包括内部增信和外部增信两种方法。

3. 流动性高：作为在二级市场发行的有价证券，ABS 具有更高的流动性，盘活存量资产。

在目前国内多层次资本市场逐步建立的背景下，ABS 创新工具若运用合理，可为企业拓宽融资渠道，支持实体经济作出较大贡献。

风险?

若你吃枣子不给钱，老关就没有了原来预期的现金流，
投资人投资的资产就失去了保障。
所以 ABS 首要风险点是基础资产质量的风险。

“肉铺偿”虽然相当于提供内外部增信，
但这一层安全垫也有被击穿的风险。

风险与收益始终是相伴的。

好了，今天就说到这儿吧。

一句话名词解释

ABS：全称资产支持证券（Asset-Backed Security），将缺乏流动性但具有未来现金收入流的资产打包，建立资金池，并通过结构性重组方式，将其转变成可出售和流通的证券。

ABS 的基本特点：

1. 风险隔离：发起人把 ABS 的收益和风险转让给 SPV，通过真实出售实现风险隔离；

2. 信用增级：通过一定的担保措施，降低投资风险，提升资产的信用评级，增加对投资人的吸引力，也减少风险溢价，降低融资成本；

3. 流动性高：作为在二级市场发行的有价证券，ABS 具有更高的流动性，盘活存量资产。

8. 呦呦瑞次瑞次，啥基金可以嗨翻全场?

2020 年 8 月 6 日，证监会发布
《公开募集基础设施证券投资基金指引（试行）》！
千呼万唤的公募 REITs 正式登场！

REITs 发音“瑞次”，
英文全称 Real Estate Investment Trusts，
是不动产投资信托基金的意思，
它是为中小投资者提供投资于不动产项目低门槛的投资产品，
而对不动产持有人来说则是一种直接融资方式。

我们首先来看一个场景。

不动产的流动性较低，无法满足不动产持有人的资金需求；
而不动产的投资门槛又较高，中小投资者无法参与。

如何解决这个矛盾呢？

于是，REITs 出现了。

我们以商业地产为例，
看一下 REITs 的基本运营模式。

从资产角度来看，REITs 是不动产的证券化，
底层资产是能够产生稳定现金流的不动产。
比如，不断产生租金收入的商业地产就是很好的底层资产。

REITs 目的是把缺乏流动性的商业地产，变成流动性较强的证券。

受益凭证的收益来源就是底层资产未来的租金、营业收入和资产增值。

对中小投资者来说，通过购买受益凭证，参与到体量较大的不动产项目，满足投资者资产管理多样化的需求，拓宽社会资本的投资渠道。

对原始权益人来说，REITs 就是一种有效的融资模式。

一般情况下，原始权益人依旧会作为物业管理人管理商业地产，并获得物业管理费。

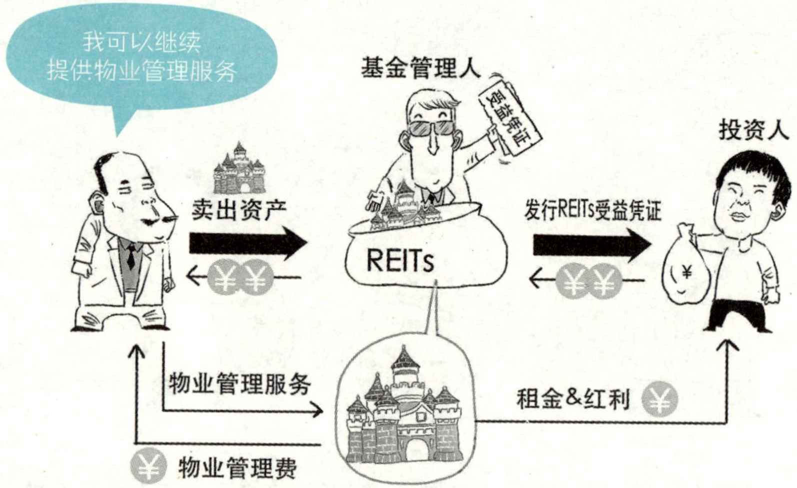

同时，为了防止 REITs 资产被基金管理人挪作他用，保障资产安全，还需要一个托管人为投资人托管商业地产，并对基金管理人行为进行必要监督。

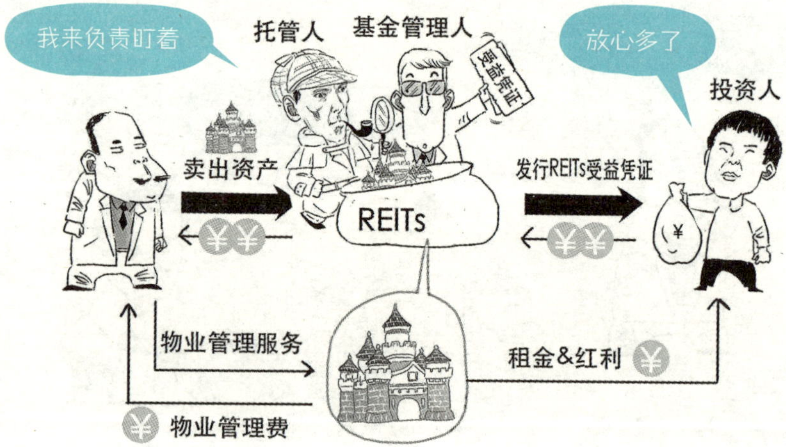

可见，REITs 是以发行股票或者受益凭证方式汇集投资人资金，由专业机构进行不动产投资开发与经营管理，并将投资综合收益按比例分配给投资人的一种信托基金。

以前受市场环境、制度因素等限制，
我国没有标准化 REITs，均为类 REITs 产品，
通常称为中国版 REITs（C–REITs）。

中国版 REITs 大多为私募发行。

通过私募发行，
投资门槛较高，很多个人投资者无法达标，不能参与。

公募基金涉及投资者范围广，投资要尽量分散，确保安全，
因而比私募基金有更多的限制和要求。

比如，投资范围：
公募基金在投资品种、投资比例、投资与基金类型的匹配上有严格的限制。

又如，“双 10 限制”。

第一个“10”：
一只基金持有一家公司发行的证券，市值不得超过基金资产净值的 10%；

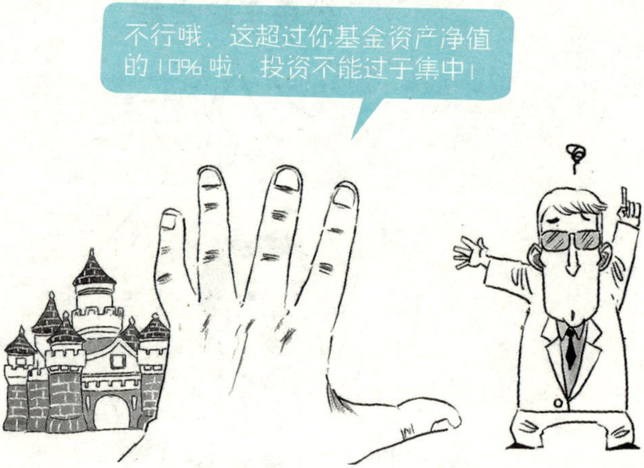

第二个“10”：
同一基金管理人管理的全部基金持有一家公司发行的证券，
不得超过该证券的 10%。

“双 10 限制”主要是为了防止单一证券出现非系统性风险而对公募基金组合造成重大影响。

可惜，REITs 往往无法达到公募基金的要求，

因此，以往 REITs 更多地选择私募。

这不，为了促进公募 REITs 的发展，
基础设施公募 REITs 来啦！

根据基础设施公募 REITs 新规，满足一定条件的 REITs 可以突破“双 10 限制”进行公募。

不是哦，
本次公募 REITs 要求底层资产为基础设施，包括仓储物流，收费公路、机场港口等交通设施，水电气热等市政设施，污染治理、信息网络、产业园区等其他基础设施。

我们以收费公路项目为例，
来了解公募 REITs 的基本要求：

项目原则上要经营 3 年以上，产生持续稳定现金流；
而原始权益人最近 3 年无重大违法违规行为。

根据新规，基础设施资产支持证券要持有基础设施项目公司的全部股权，

因此，我们把符合要求的收费公路项目及其收益统统打包，
全部做成标准化、能在交易所上市的资产支持证券
（Asset-backed securities），简称 ABS。

这时候，还需要找一家符合资格的券商或者基金公司进行公募，
基金管理人出场啦！

新规对基金管理人的管理经验、财务状况、内控机制等都有较高要求。

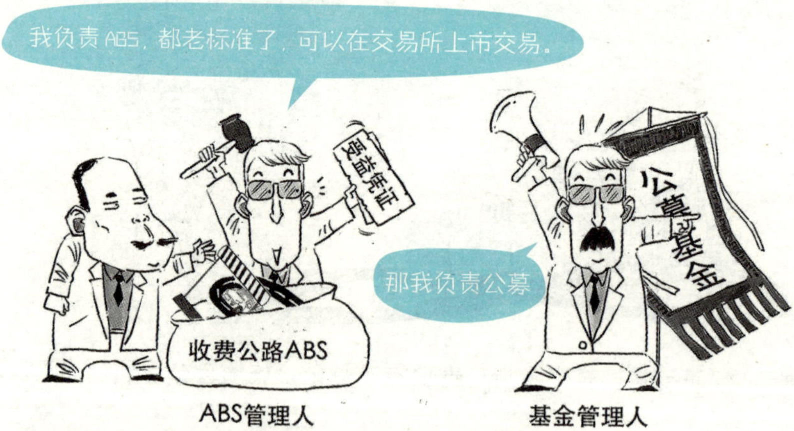

基金管理人和 ABS 管理人应当存在实际控制关系或受同一控制人控制。

在 REITs 发行过程中，
发改委会对基础设施项目把关，
证监会会对公募发行把关；基金管理人需要向证监会提交相关材料。

为了保护投资人利益，同样需要托管人对 ABS 和基金资产进行托管。
而 ABS 的托管人和基金的托管人应为同一人。

下面，我们简单地说一下如何进行公募。

首先，基金管理人可以和 ABS 管理人开展联合尽职调查，调查内容包括基础设施项目财务情况以及原始权益人、控股股东、实际控制人、主要参与机构情况等内容。

其次，基金管理人披露招募说明书等文件，再公开募集资金，
资金主要用于受让收费公路项目公司的股权。

为了保护投资者利益，防止 REITs 仅仅成为原始权益人退出项目的工具，
原始权益人或其同一控制下的关联方也应该参与基金份额的战略配售，
而且不得低于基金份额发售数量的 20%。

基金的募集总规模至少要大于 2 亿元，投资人数要大于 1000 人。

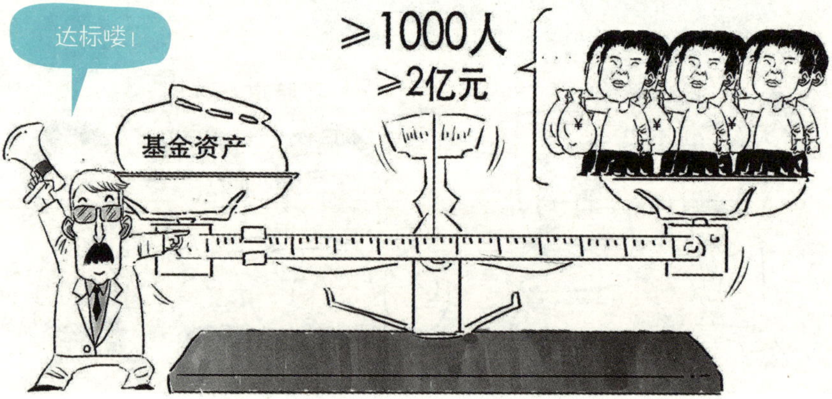

最后，募集的基金购买这个收费公路的 ABS。

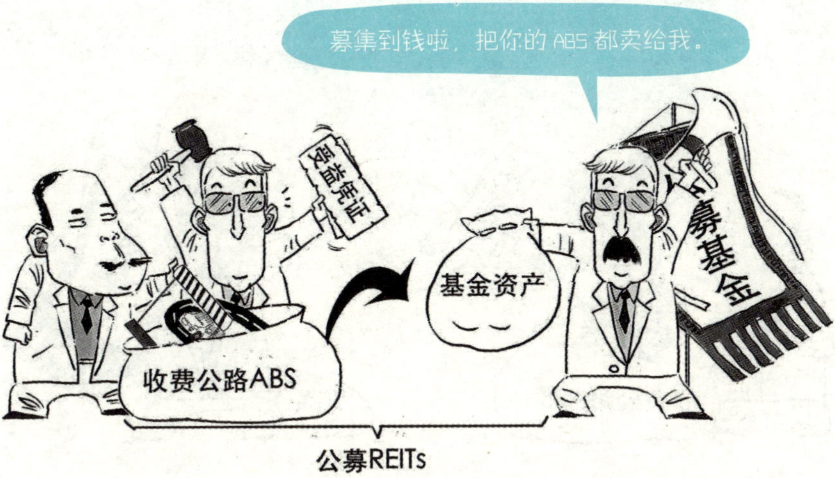

至此，公募 REITs 的资金购买了项目 100% 股权、经营权利，但不一定是单一项目，也可以同时购买多个项目。

80% 以上基金资产需要投资于基础设施 ABS，并持有其全部份额，剩下的基金资产只能用于投资于利率债、高等级信用债或者货币市场工具。

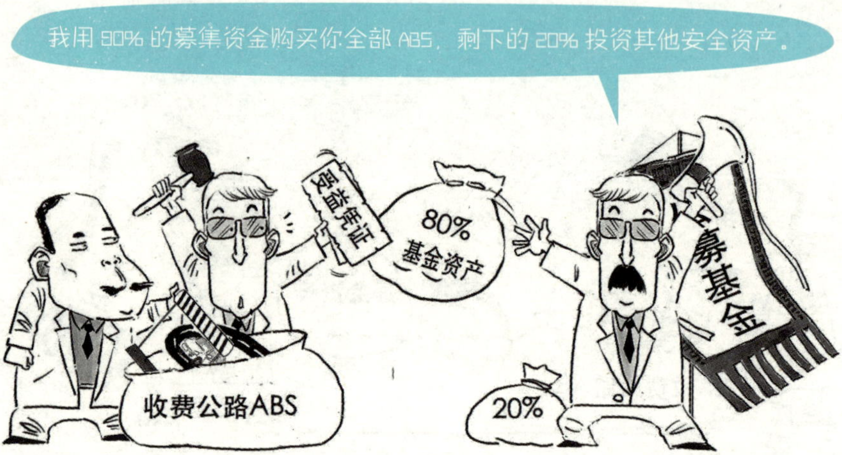

可见，

REITs 的公募基金购买的资产可以这样分：

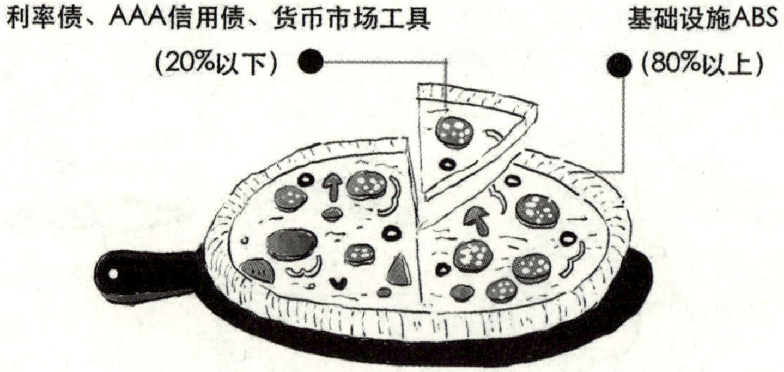

对于投资人来说，他们作为公募 REITs 持有人，

可以享受这个收费公路项目的收益。

公募 REITs 采用封闭式运作，份额能在交易所交易。

公募REITs要将每年可供分配金额的90%，以现金红利方式回报投资人，分配次数每年不得少于1次。

通过公募REITs，原始权益人获得了融资，融资用途需要符合国家政策，鼓励原始权益人将回收资金用于新的基础设施和公用事业建设。

总之，公募 REITs 具有门槛低、分红比例高、流动性较强等优势，可以成为中小投资者间接投资基础设施的良好途径。

最后，
我们简单总结公募 REITs 的结构，

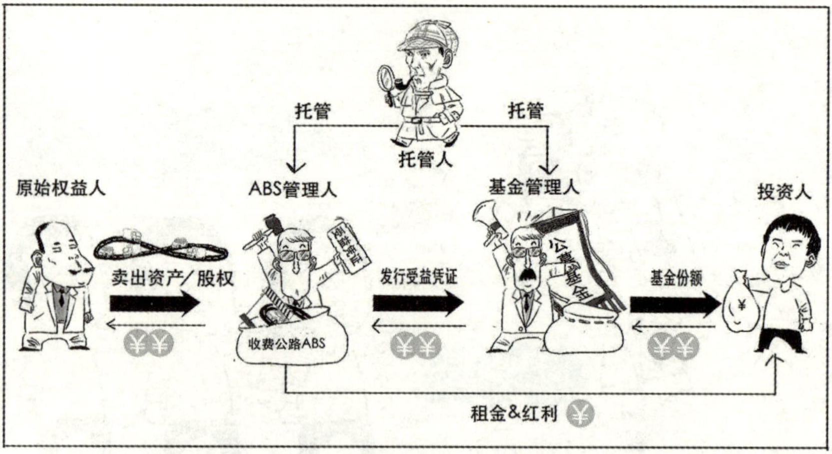

当然，基础设施 REITs 是一类新的基金品种，投资者要了解清楚这类基金的风险收益特征，不能盲目投资。

好了，
今天就说到这儿吧。

一句话名词解释

REITs：不动产投资信托基金，英文全称 Real Estate Investment Trusts，以发行受益凭证方式汇集特定多数投资者资金，由专业机构进行不动产投资开发与经营管理，并将投资综合收益按比例分配给投资者。

金融创新篇

1. 智 能 投 顾

这一次，我们说说“智能投顾”。

对，非常聪明。

智能投顾（Robo–Advisor）是金融科技（Fintech）的一种代表形式。
狭义的理解是机器人投资顾问，指用机器人进行投资管理
或者提供专业的投资建议。

此处的机器人其实就是指计算机程序，以人工智能技术和网络平台为载体，根据客户风险偏好、风险承受能力、资产状况等因素，通过现代资产组合理论进行投资管理，为客户提供投资理财顾问服务。

现代资产组合理论 (Modern Portfolio Theory，MPT) 是 1952 年由哈里·马科维茨首次提出。
马科维茨在金融经济学方面的开创性工作，为其赢得了 1990 年诺贝尔经济学奖。

该理论认为，投资者对于投资活动最关注的问题是预期收益和风险的关系，风险和收益需要有个平衡点。

故要对投资项目尽可能地建立起一个有效组合，
以求得单位风险的水平上收益最高，或单位收益的水平上风险最小。

我们来画个图，横轴代表风险，纵轴代表收益，
图上每一个点都是一种可能的资产配置组合。

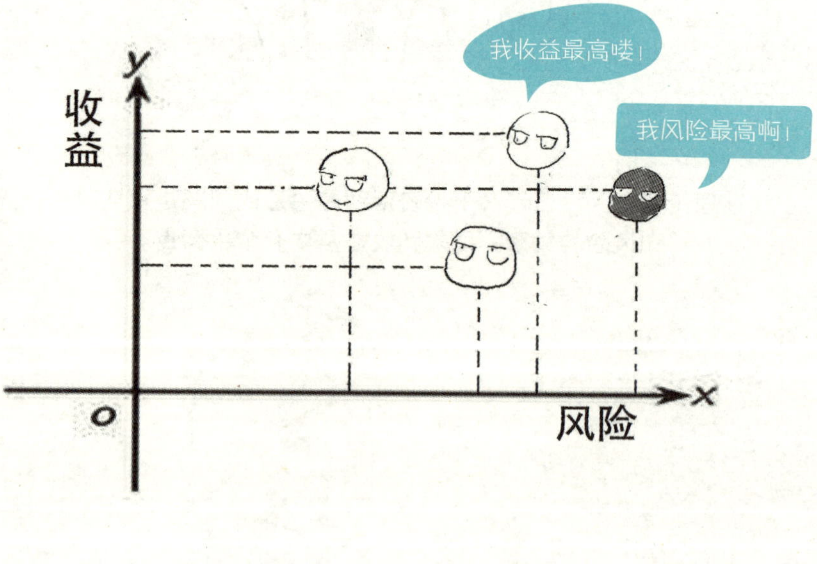

我们来看一下 A、B 两点资产配置孰优孰劣。

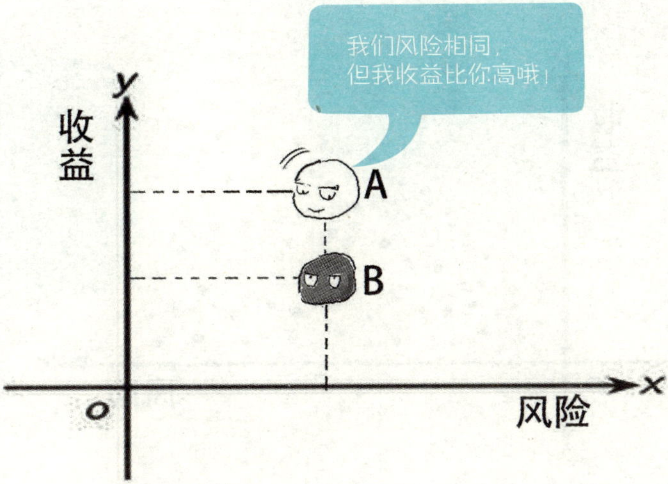

A 的配置更优，预期收益更高。

再来看另一种情况。

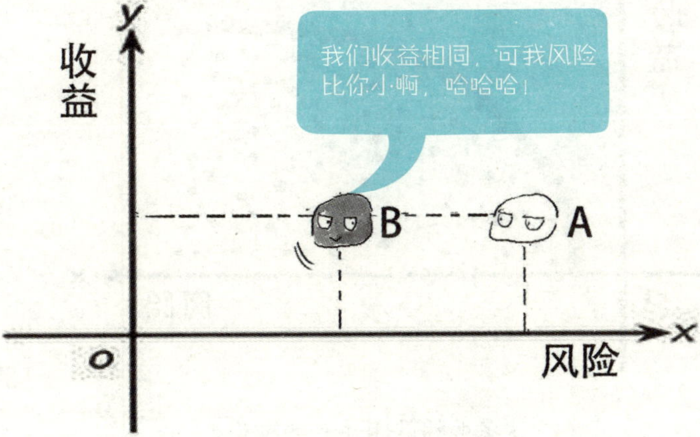

此时，B 的配置方案更优。

我们可以在图上画出所有的资产配置，

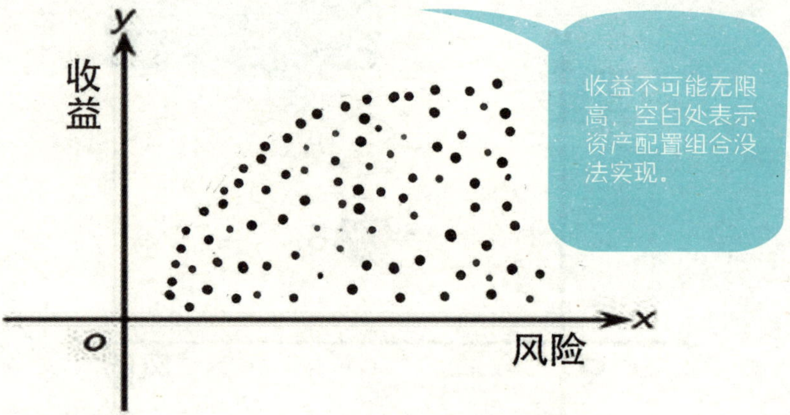

然后按照上述规则，画出一个最优的资产组合曲线，如下图：

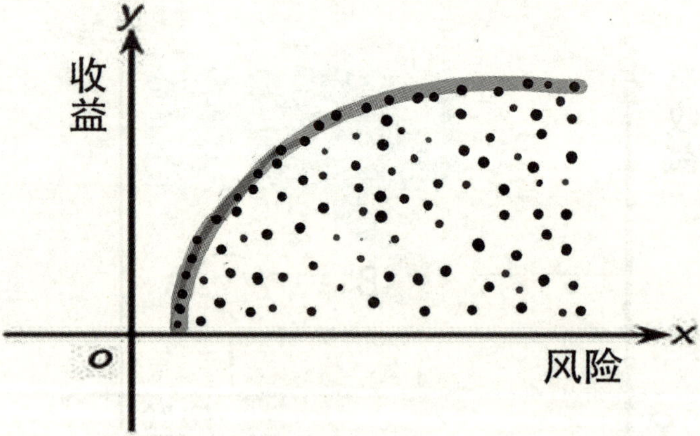

这条曲线就叫作有效前沿，
在这条线上，在相同收益下，风险是最小的。

将资产配置到有效前沿，就可在相同收益下风险最低。

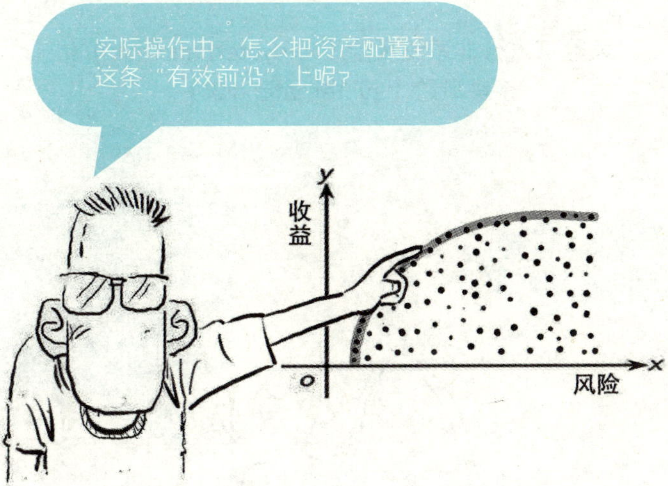

现代资产组合理论提出化解投资风险的可能性，有两个基本原理。

1. 分散原理

不是风扇!

对于分散风险，有句投资名言叫作“鸡蛋不要放在一个篮子里”。

风险可以分非系统风险（unsystematic risk）和
系统风险（systematic risk）。

非系统风险是指对某个行业或个别个体产生影响的风险，它通常由某一特殊因素引起，与整个市场价格不存在系统的全面联系，而只对个别或少数资产的收益产生影响。非系统风险可以通过投资多样化来分散此类风险，鸡蛋理论对其是适用的。

系统风险是整个经济所产生的风险，是影响所有资产的，无法由分散投资来消除。

所以分散原理对非系统性风险有效，对系统性风险无效。

2. 降低资产相关性

配置资产之间的相关性越低，风险相对越低。
大家知道三国中火烧连环船的故事吧，
那就是典型的资产相关性过高引起的风险。

所以在配置资产时，为了降低风险，最好资产之间的相关性不要太强。

智能投顾是根据以上现代资产组合理论构建数据模型，根据客户需求，将资产配置达到最优，其资产配置过程依靠互联网来完成。

他不是普通的机器人，他是智能投顾哦！

智能投顾降低了投顾服务的门槛，使我们普通理财用户也可以享受投顾服务。
投顾费率低，专业度高。

下面我们来看看智能投顾的操作步骤：

1. 智能投顾会结合投资者的年龄、风险偏好、家庭状况以及投资时间长短等因素，帮助用户确认其投资目标。

诚然，客户的风险偏好不是一成不变的，会随着时间和市场环境改变而改变。

2. 智能投顾会分析市场上不同类型金融资产的收益特征、风险特征、周期性特征等因素，生成各个类型的投资策略，为资产配置服务提供数据支撑。

智能投顾替代传统的人工投顾，可不受情绪的干扰，
自行判断选择合适的资产类型以及投资风格，且具有量化投资的优势。

3. 智能投顾将投资策略与用户的投资目标相匹配，通过技术平台交互为用户提供专属的资产配置方案。

此外，智能投顾还会结合各类型的市场状况，为用户提供再平衡策略。

就像我们上面说的，个人风险偏好会发生变化，
而市场环境也会发生变化。
再平衡策略就是指随着市场变化，如果资产投资配置偏离投资目标过大，智能投顾系统会发起调整资产配置的请求，并拟合出新的收益曲线，以此来规避市场剧烈变化所带来的风险。

如上所说，智能投顾过程类似裁缝给你做衣服：
1. 先给你量尺寸。

2. 根据你的尺寸定制衣服。

3. 若你体形变了，还能帮你改大小。

这就是智能投顾提供的“量体裁衣”服务，最关键的是这个裁缝还是机器人（计算机），收费低服务好，智能投顾不再是高净值人群的专利。

补充一点，以上智能投顾服务是金融投资共有的，但诸如美国的智能投顾还有适合其本国市场的特殊服务。

这里的特殊服务都是好正规的呢。
由于这些国家对投资利得直接课税，所以有税负管理的需求。
智能投顾会根据所投标的的税收特征，计算标的和整体组合的税后收益，
来实现考虑税负后的整体投资最优。

当然，任何投资都有风险，

智能投顾也不例外。

一句话名词解释

智能投顾（Robo-Advisor）：是金融科技（Fintech）的一种代表形式，狭义的理解是机器人投资顾问，是指用机器人通过数据分析，进行投资管理或者提供专业的投资建议。

非系统风险：指对某个行业或个体产生影响的风险，它通常由某一特殊因素引起，与整个市场价格不存在系统的全面联系，而只对个别或少数资产的收益产生影响。

系统风险：是整个经济所生的风险，影响所有的资产，无法由分散投资来消除。

2. 第三方支付

话说在远古时代……

我有个好主意！

我数一二三，我们一手交骨一手交肉。
准备好没？
准备好了。

用第三方支付啊。

来，开整！

第三方支付（Third-Party Payment）狭义上是指非银行机构采用与各大银行签约的方式，在用户与银行支付结算系统间建立连接的电子支付模式。

较为有名的第三方支付公司包括支付宝和财付通，

两者在第三方移动支付市场份额中占比较大。

我们通过一个栗子来看一下：

三爷，这个货款你收着。
嗯哼
第三方支付
买家
卖家
客户已经付款啦，发货吧！
好
第三方支付
买家
卖家
货物我收到啦！
好嘞。买家收到货物啦，来，钱你拿好。
第三方支付
买家
卖家

第三方支付平台相当于提供了信用中介服务。

对于卖家而言，

可规避无法收到买家货款的风险。

对于买家而言，
（1）可规避无法收到货物的风险，且货物能在一定程度上得到质量保障，提高买买买的信心。

（2）相对安全，信用卡信息或账户信息仅需告知支付公司，无须告诉每个收款人，降低信用卡信息和账户信息失密的风险。

有关系啊，
银行一直站在第三方支付的后面。

这里有个支付网关的概念，我们展开说一下。

在传统的支付方式中：

此时在一个完整的交易过程中，为了保证银行系统和支付活动的安全性，银行内部网与商户的外部网之间需要建立一道安全门，对两者做好隔离，我们将其称为支付网关。

但这样有个问题：

所以让第三方支付来承担支付网关的职责，
对银行来说是个不错的选择。

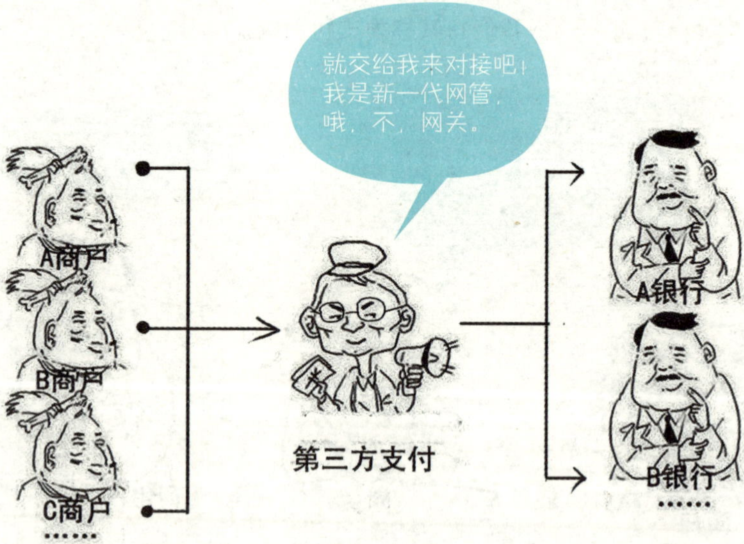

在这种模式下，第三方支付把所有银行网关集成在一个平台上，
对商户和消费者而言，只需使用一个平台就可连接多个银行网关，
快捷便利。

对银行而言，
节省了为大量中小企业提供网关接口的开发和维护费用，
也扩展了业务范畴。

首先，买卖双方在第三方支付平台上注册虚拟账户，
并将各自银行账户与虚拟账户做关联。

其次，买方在购买商品后，先将货款从实体账户划入第三方支付机构的买方虚拟账户中。

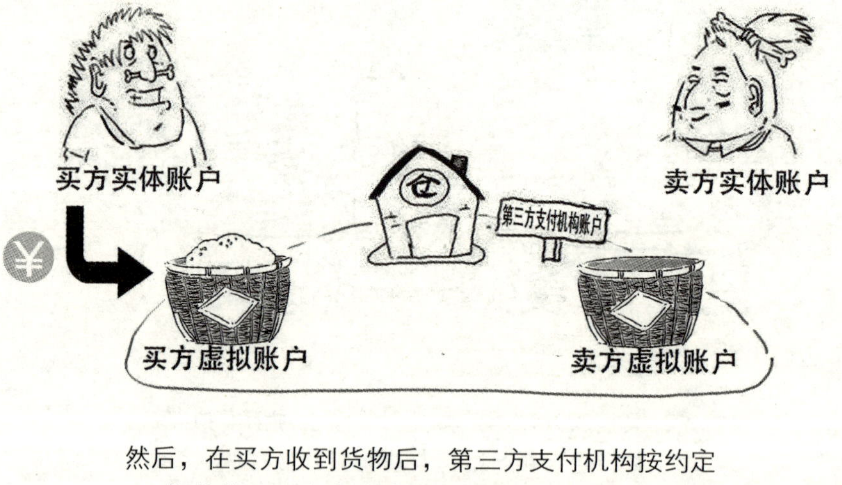

然后，在买方收到货物后，第三方支付机构按约定将货款从买方虚拟账户划入卖方虚拟账户。

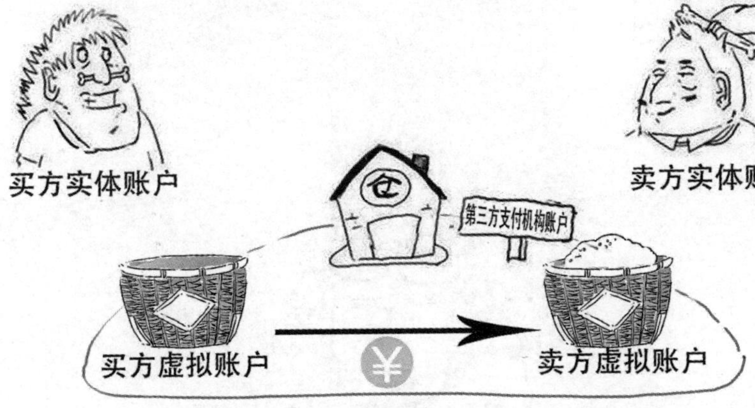

最终到达卖方的实体账户。

风险嘛……

最后，补充说明一下，
第三方支付一般是需要具备一定实力和信誉保障的机构哦。

后来……

大兄弟，他怎么还没回来啊？不会骗我们吧？
应该不会吧，我们再等一会儿。

肚子好饿！
我也是。

一句话名词解释

第三方支付（Third-Party Payment）： 狭义上是指非银行机构采用与各大银行签约的方式，在用户与银行支付结算系统间建立连接的电子支付模式。

支付网关： 在一个完整的交易过程中，为了保证银行系统和支付活动的安全性，银行内部网与商户的外部网之间建立的一道安全门，对两者做好隔离。

3. 期权，你有一个选择权

在金融世界中，有这么一款对未来做承诺的金融工具，它的名字叫作——

这里的 option 是期权的意思，

是一种赋予期权买方在约定日期以约定的价格买入或卖出约定数量标的资产的权利的合约，而期权卖方必须履行承诺。

我们来看个栗子：

这里的草鞋，
相当于期权合约中的“标的资产”，如股票等。

这里的10元定金相当于期权中的权利金，即期权的买方为获得权利支付给卖方的一定费用。

这里的 180 元相当于期权执行价格，即期权合约中指明的资产在未来买入或卖出的价格。

流程图如下：

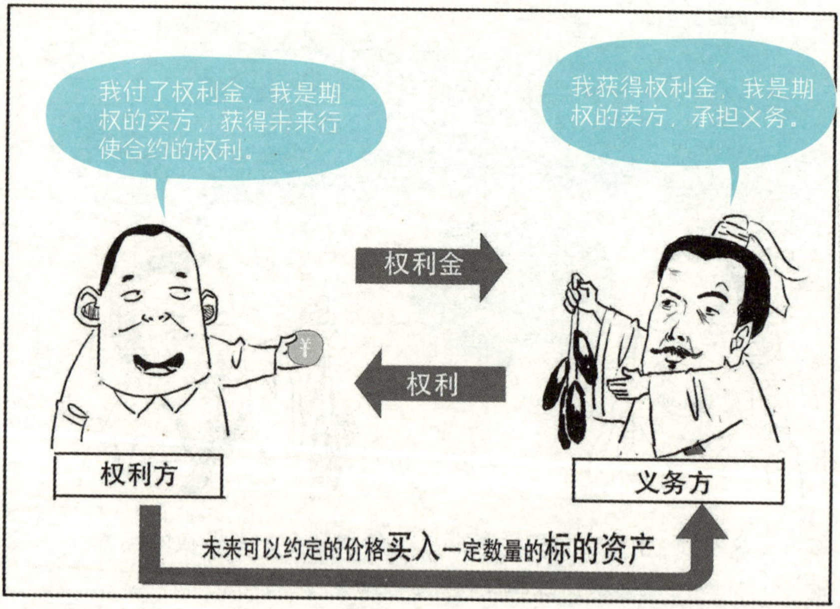

等到约定的期限，
若草鞋的市场价格确实如预期上涨，

但若市场价格未涨反跌，则权利方会做出如下选择，

期权的买方可以选择行权，当然也可以放弃行权。

我们模拟的上述过程，属于期权中的认购期权，
是期权买方有权在约定时间以约定价格从卖方买进
一定数量标的资产的期权。

因为认购期权的买方是预估标的资产会涨，
所以也被称为看“涨”期权。

看"涨"期权

草鞋市场价格越高，
认购期权的买方潜在收益越大，
其收益图如下：

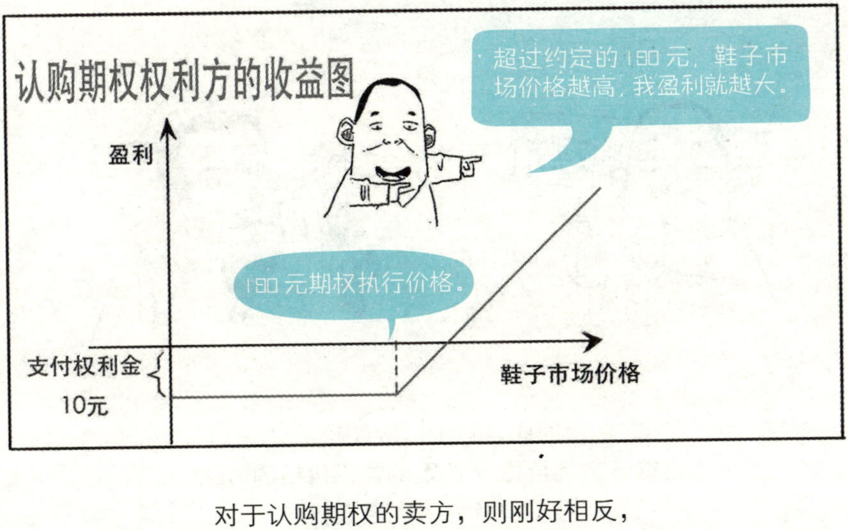

对于认购期权的卖方，则刚好相反，

对于认购期权的买方而言，该期权是否有价值，
就要看执行价格和市场价格孰高孰低。

因此，对于认购期权，
当鞋子市场价格 > 约定的执行价格的时候，
我们将其称为实值期权。

当鞋子市场价格 < 约定的执行价格的时候，
我们将其称为虚值期权。

当鞋子市场价格 = 约定的执行价格的时候，
我们将其称为平值期权。

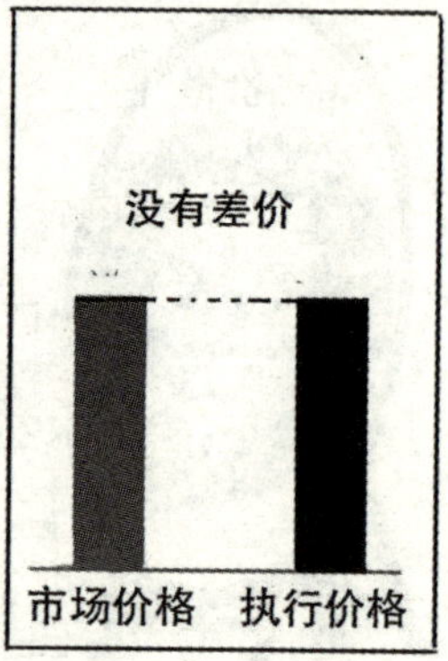

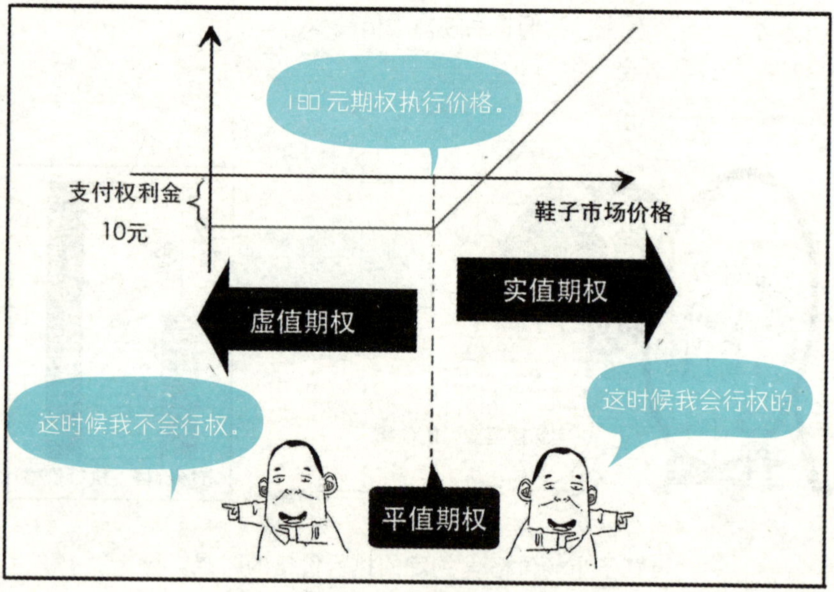

了解了认购期权，

我们再来看另一种情况，

就是认沽期权。

期权买方有权在约定时间以约定价格向卖方卖出一定数量标的资产的期权。

等到约定的期限后，也会出现两种情况：

要么市场价格如预期的下跌，

哈哈哈，草鞋市场价果然跌到 150 元啦，但你还要以 190 元买我的鞋子哦！
好吧，谁让我收了你的权利金呢？

要么价格上涨，

价格涨到 250 元啦，你还是以 190 元卖给我嘛！
你当我傻啊，我当然不行权了啊，必须弃权。
期权买方

因为认沽期权的买方预估标的资产会跌，
所以又被称为看“跌”期权。

看“跌”期权

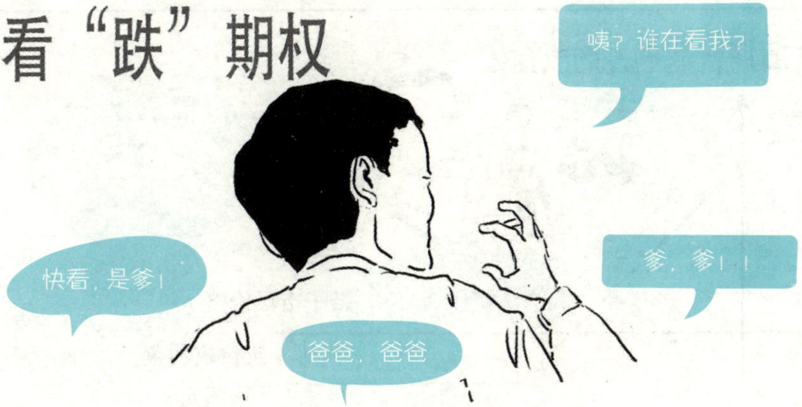

看“跌”期权的流程图如下：

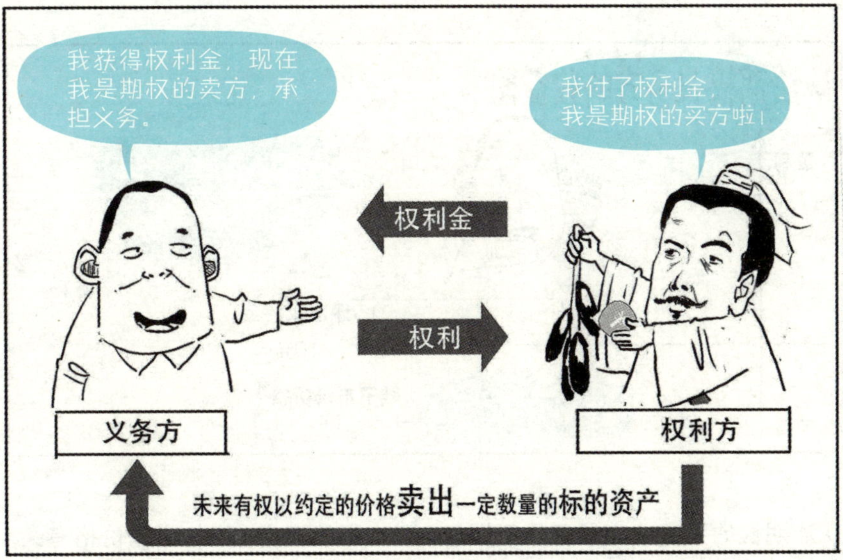

草鞋市场价格下降得越多，
认沽期权买方的潜在收益越大，
其收益图如下：

对认沽期权的卖方则相反，

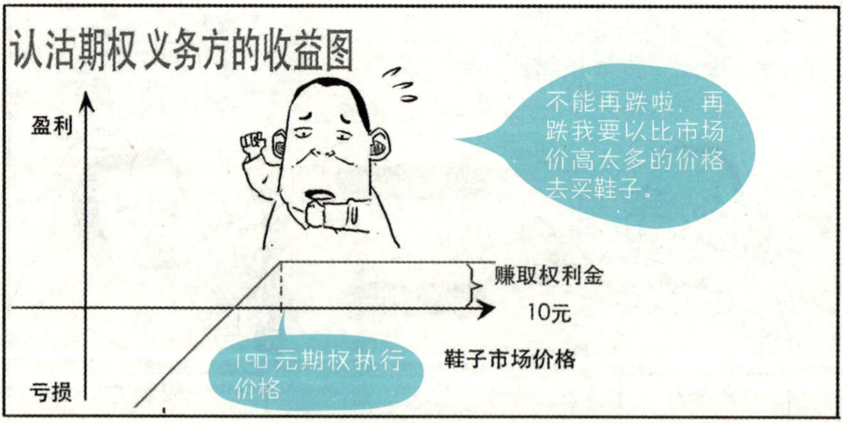

认沽期权的买方决定是否执行期权，卖出标的资产，也与市场价格有关。

因此，对于认沽期权，
当鞋子市场价格 < 约定的执行价格的时候，
我们将其称为实值期权。

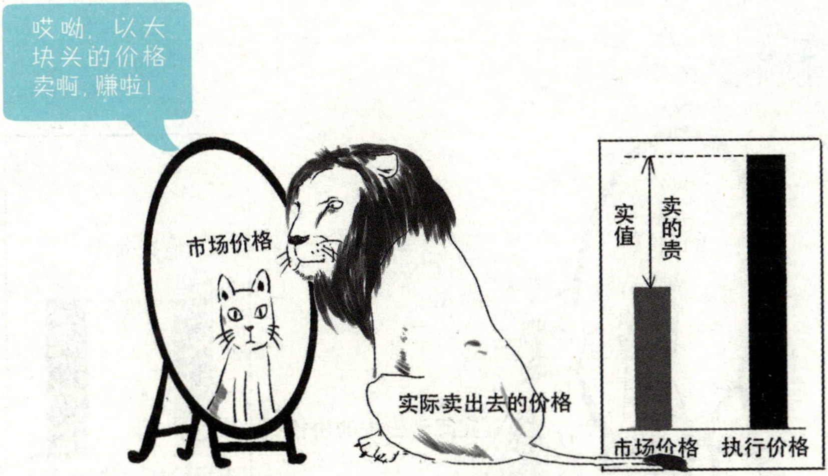

当鞋子市场价格 > 约定的执行价格的时候，
我们将其称为虚值期权。

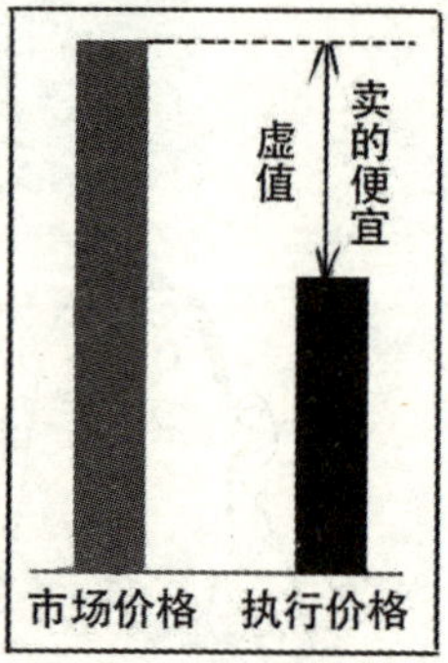

当鞋子市场价格 = 约定的执行价格的时候，
我们将其称为平值期权。

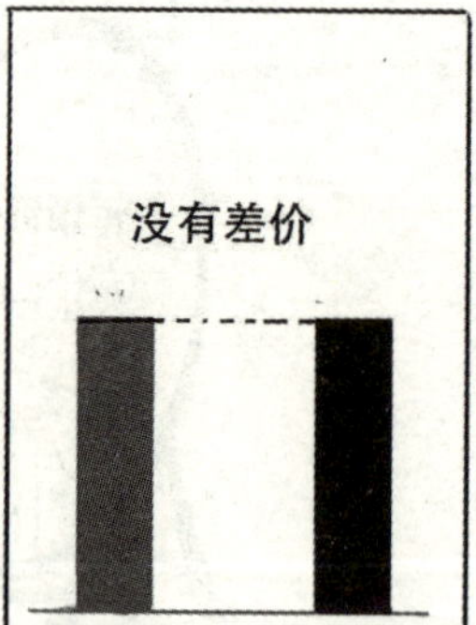

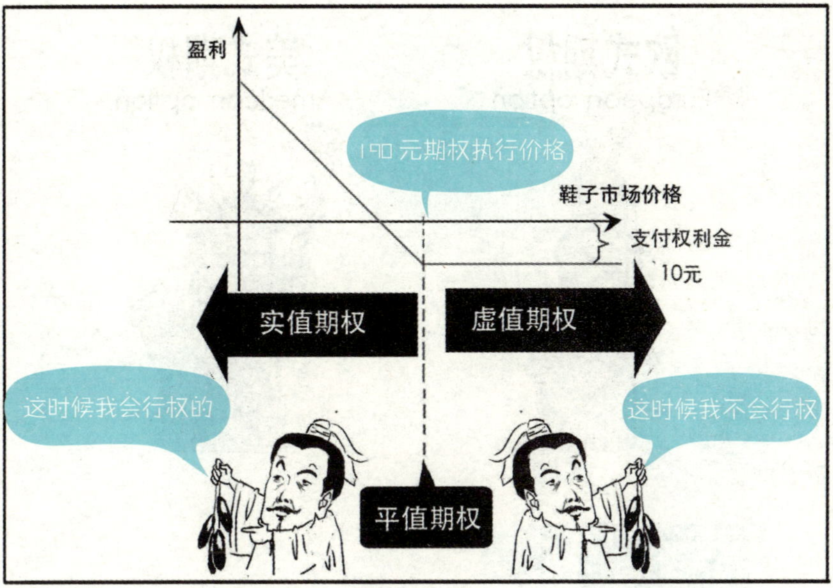

不一定哦。

按照期权买方执行期权的时限分为：

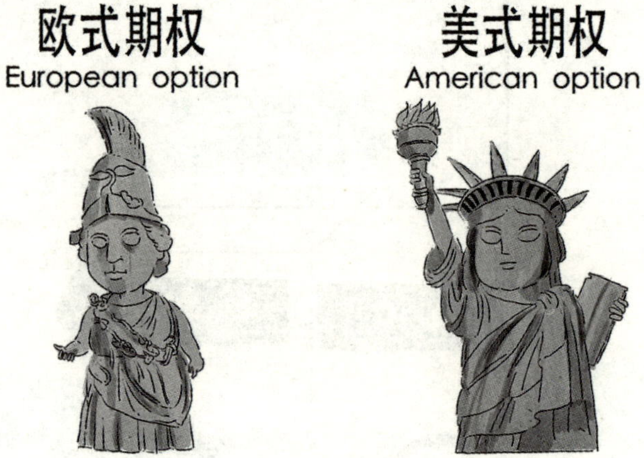

这种分法与交易地理位置没有关系。

欧式期权是期权买方只能在期权的到期日才能行权的期权。这就好像，你预定了一年后的演唱会门票，只能在当天使用，在这个日期之前是不能使用的。

当然，过了这个期限又无效。

美式期权就不一样啦，期权买方可以在到期日之前的
任一交易日或到期日行权的期权。

这就好比，
一张一年内到期的面包券，在到期之前任何一天都可以使用。

按照标的资产不同，
期权又可以分为：

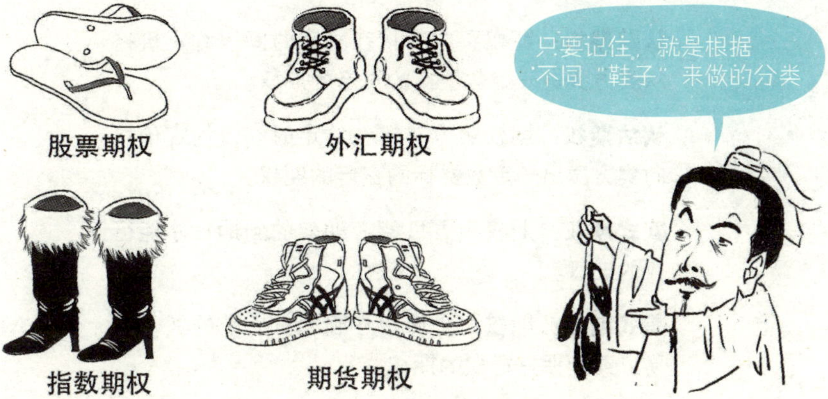

好了，我们就不详细展开了。

我们只说了期权的概念，
大家先有个初步了解。

一句话名词解释

期权：是一种赋予期权买方在约定日期以约定的价格买入或卖出约定数量标的资产的权利的合约，而期权卖方必须履行承诺。

期权权利金：期权的买方为获得权利支付给卖方的一定费用。

期权执行价格：期权合约中指明的资产在未来买入或卖出的价格。

认购期权：期权买方有权在约定时间以约定价格从卖方买进一定数量标的资产的期权。

认沽期权：期权买方有权在约定时间以约定价格向卖方卖出一定数量标的资产的期权。

欧式期权：期权买方只能在期权的到期日才能行权的期权。

美式期权：期权买方可以在到期日之前的任一交易日或到期日行权的期权。

4. 区　块　链

这一节我们说的主题是——区块链。

要说清楚区块链，我们先来讲个故事。

你一定听说过三人成虎的故事吧？
假设一个人告诉你，不好了，大街上有只老虎，你相不相信？

你咋不按常理出牌啊，你要说不相信！
再来一遍！

action！！

好！非常好！！影帝级的演出！！！
继续，这时候换作一堆人告诉你这件事！

我们再换一种场景。

如果一个德高望重、你十分信任的老者告诉你这件事，你又会怎么想?

是的，这就是所谓的信任的力量。你不相信一个没有足够信用度的单独个体，但你会信任一堆个体或者有足够信用度的单独个体。

在现实社会中，银行就是这个有足够信用度的个体。

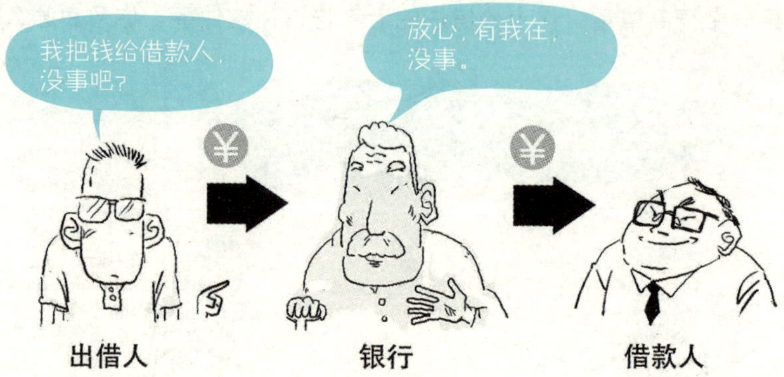

我们说过的第三方支付也具有类似的功能。

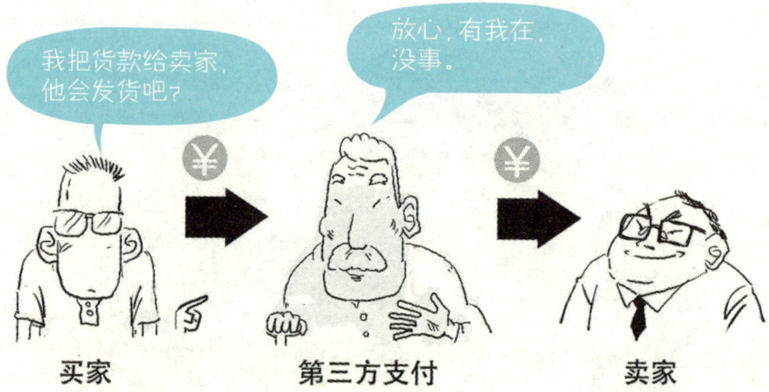

银行、第三方支付等具有足够信用度的个体成为我们开展业务的"中心"。
但它们作为信用中介是需要成本的，而我们普通大众就要为
这庞大的信用成本埋单。

那就要考虑去除银行类等中心机构的信用背书。

也就是用我们上面提到过的“一堆个体”，这也是区块链技术的核心。

区块链本质上是解决信任问题、降低信任成本的技术方案，
目的就是去中心化，去信用中介。

区块链是比特币的底层技术。

比特币（BitCoin）的概念最初由中本聪在 2009 年提出，
你可以把它简单地理解为一种数字货币。
我们以比特币交易为例来看看区块链具体是如何操作的？

1. 把每笔交易在全网广播。让全网承认有效，必须广播给每个节点。
所谓节点（node），是指运行了比特币客户端软件的电脑，
它们会对比特币交易做记录。对这些辛勤工作的节点，
也被形象地称为“矿工”。

大家快来看啊，我们在交易啊，在交易啊！！
RMB

我们都听到了。
RMB
我们就是节点，外号矿工。

2. 矿工节点接收到交易信息后，都要拿出账簿本记载该次交易。

一旦记录，就不可撤销，不能随意销毁。

矿工节点是通过电脑运行的比特币软件对交易进行确认的。

为了鼓励矿工的服务，对于其所记录和确认的交易，
系统为矿工提供 25 个比特币作为奖励。
这个奖励数量，系统设定每 4 年减半，按照这个进度，
2140 年奖励基本就被矿工挖完了。

奖励只有一份，那就看谁记录的快呗。

为了减少这种情况，系统会出一道十分钟的运算题，谁能最快解出值，谁就将获得记录入账权利，并赢得奖励。

前述区块链中所运用的算法并不是简单的计算题，
而是使用哈希散列（Hash）算法。

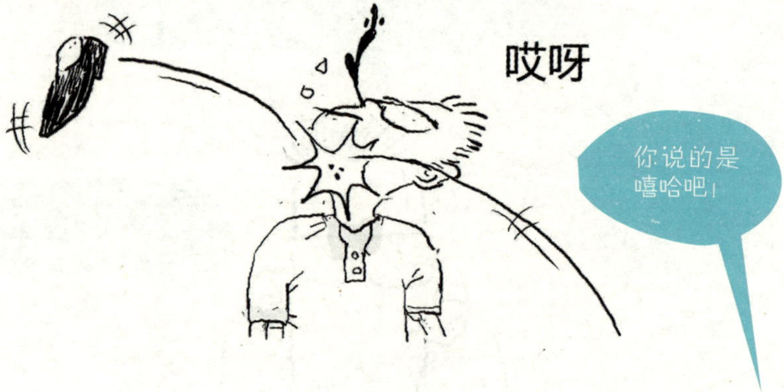

哈希散列是密码学里的经典技术，可以用来验证有没有人篡改数据内容。

3. 获得记账权的矿工将向全网广播该笔交易，账簿公开，
其他矿工将核对确认这些账目。

矿工记录的时候，还会将该笔交易盖上时间戳，形成一个完整的时间链。

4. 当其他矿工对账簿记录都确认无误后，该记录就确认合法，矿工们就进入了下一轮记账权争夺战。

在比特币交易中，一般达到 6 个确认以上就成功记录在案了。

矿工的每个记录，就是一个区块（block），会盖上时间戳，每个新产生的区块严格按照时间线形顺序推进，形成不可逆的链条（chain），所以叫作区块链（Blockchain）。

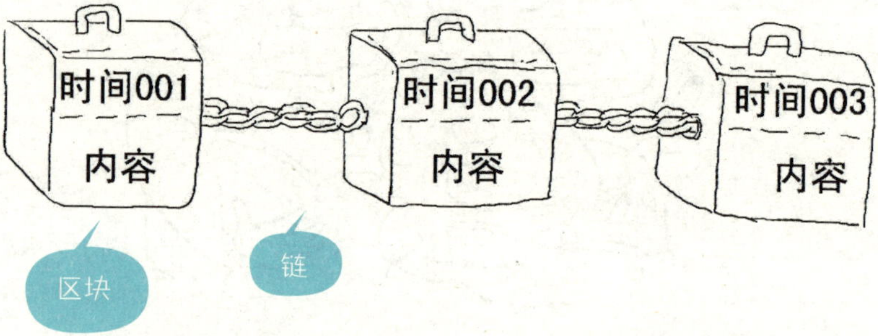

而且每个区块都含有其上一个区块哈希值，确保区块按照时间顺序连接的同时未被篡改。

这时候我们再看对区块链的原始定义就能理解了：区块链是一种分布式数据库，是一串使用密码学方法相关联产生的数据块，每个数据块都包含了一次网络交易信息，用于验证其信息的有效性和生成下一个区块。

若两个人同时上传，虽然这个概率很小，但是若发生，
我们就看最后的区块链哪条更长，短的那条就失效。

对于要制作虚假交易，除非你说服了全网里超过 51% 的矿工
都更改某一笔账目，否则你的篡改都是无效的。

网络中参与人数越多，实现造假可能性越低。
这也是集体维护和监督的优越性，伪造成本最大化。

说服 51% 的人造假还是灰常灰常困难的。

是的。

好了，
我们总结一下，区块链主要有以下核心内容：
1. 去中心化
这是区块链颠覆性特点，不存在任何中心机构和中心服务器，所有交易都发生在每个人电脑或手机上安装的客户端应用程序中。实现点对点直接交互，既节约资源，使交易自主化、简易化，又排除被中心化代理控制的风险。

2. 开放性

区块链可以理解为一种公共记账的技术方案，系统是完全开放透明的，账簿对所有人公开，实现数据共享，任何人都可以查账。

开放效果类似这样：

3. 不可撤销、不可篡改和加密安全性

区块链采取单向哈希算法，每个新产生的区块严格按照时间线形顺序推进，时间的不可逆性、不可撤销导致任何试图入侵篡改区块链内数据信息的行为易被追溯，导致被其他节点的排斥，造假成本极高，从而可以限制相关不法行为。

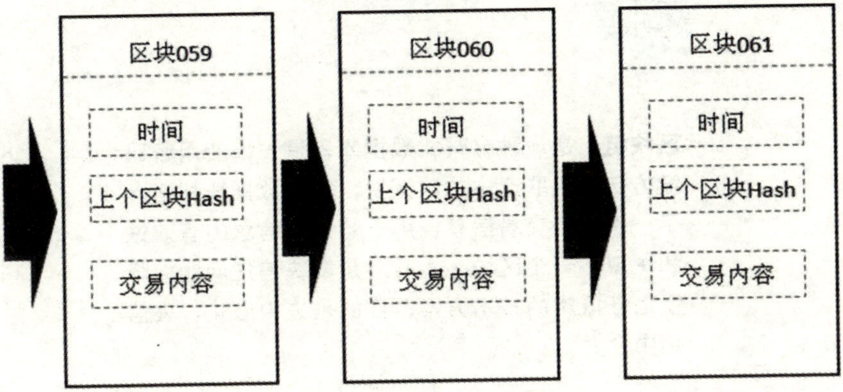

总之，区块链是一项创新技术，不能单纯、片面地只和比特币联系在一起；而数字货币也不能简单等同于区块链。

一句话名词解释

区块链：是一种分布式数据库，是一串使用密码学方法相关联产生的数据块，每个数据块都包含了一次网络交易信息，用于验证其信息的有效性和生成下一个区块；本质上是解决信任问题、降低信任成本的技术方案，目的是去中心化，去信用中介。

5. 讲讲 VIE 这双筷子

这一节我们说说 VIE 模式。

V–I–E，not VIP，ok？

VIE 指可变利益实体 (Variable Interest Entities)，也称“协议控制”，即境外上市实体与境内运营实体相分离，境外上市实体通过协议的方式

控制境内运营实体，使该运营实体成为上市实体的可变利益实体。

哦，VIE 就类似于筷子的诞生过程。

3000 多年前的殷商时代中国就开始使用筷子。
筷子曾被叫作“箸”。

“箸”和停住的“住”谐音。

船民和渔民最怕船停“住”了，
所以箸就改叫“快”，由于一般为竹制的，后来被正式叫作“筷”。

说得有点远了，绕回来。
我们通过“拍脑袋”来模拟一下筷子的诞生过程。

为了保护民族企业和关系国计民生、国家经济命脉的行业，
有些领域对境外投资者有不同程度的限制，
比如，涉及电信、媒体、科技、互联网产业等领域。
这盘“鸡肉”不是谁想吃都给吃的。

这时候，VIE 模式就登场了。

来，我们看看 VIE 的架构:

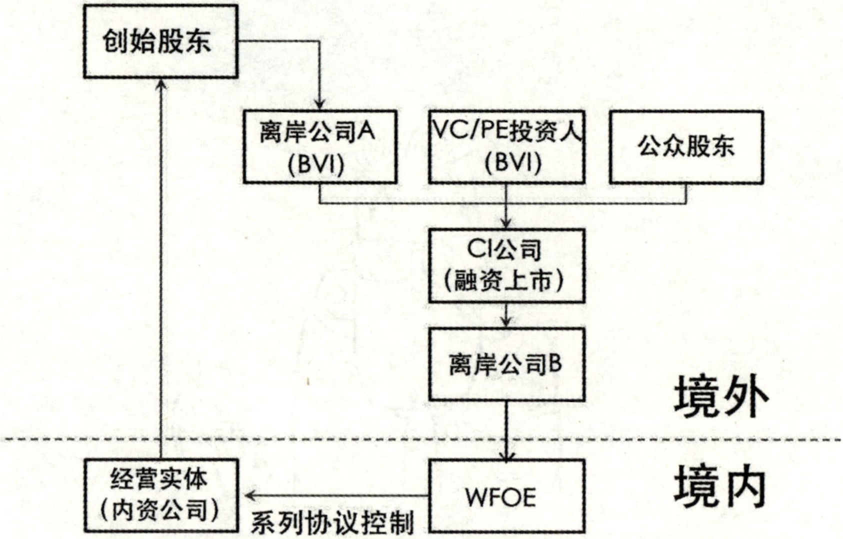

VIE 模式下，境外实体通过一系列协议控制了境内经营实体。

BVI 指英属维尔京群岛（The British Virgin Islands），是世界上发展最快的海外离岸投资中心之一，是国际著名的避税中心。

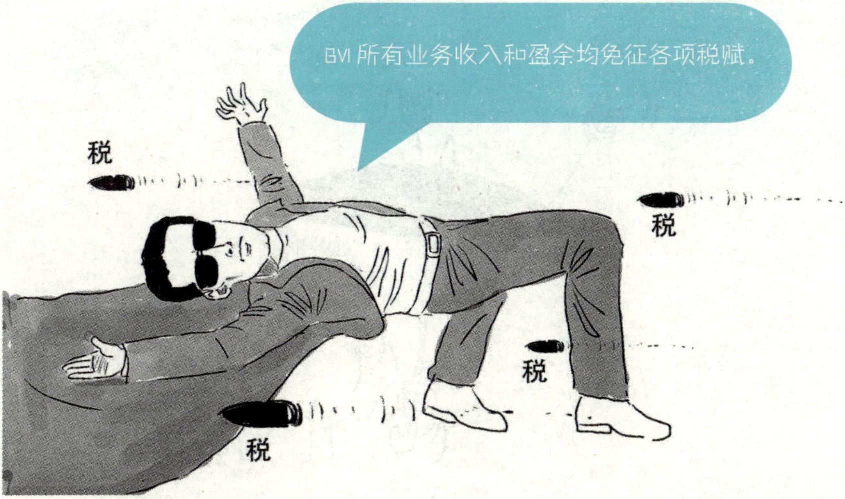

CI，是指开曼群岛（The Cayman Islands ），得名于此地产鳄鱼（西班牙语作 caiman)，有“避税天堂”的美誉，是世界第四大离岸金融中心。

WFOE，是指外商投资企业 / 外商独资企业
(Wholly Foreign Owned Enterprise ）。

BVI 公司注册费用更低，股东结构相比 CI 公司更保密，不容易上市；
若单纯为避税 BVI 公司即可，若要投资或者上市，CI 更合适。

下面我们来看看 VIE 是如何操作的？

假设有一家内资企业，经营着外资不被获准进入的领域，
如互联网经营领域，但该企业希望获得外国的技术、资本、管理经验等，
于是——

内资公司在 BVI 设立离岸公司 A，A 公司与境外投资人共同成立 CI 公司，作为上市的主体。

CI 公司再设置离岸公司 B，持有 B 公司 100% 股权。
B 公司则在境内设立 WFOE。

该 WFOE 与国内运营业务的经营实体签订一系列协议，
达到对经营实体协议控制（VIE 权益）的目的，并符合我国法规要求。

VIE 系列协议一般包括《股权质押协议》《股东表决权协议》
《独家期权协议》《独家业务合作协议》《贷款协议》等。

通过这些协议，CI 母公司最终控制中国内资公司，使其可按照外资
母公司意志经营内资企业，分配、转移利润，而内资公司则实现
吸引外资入股的目的。

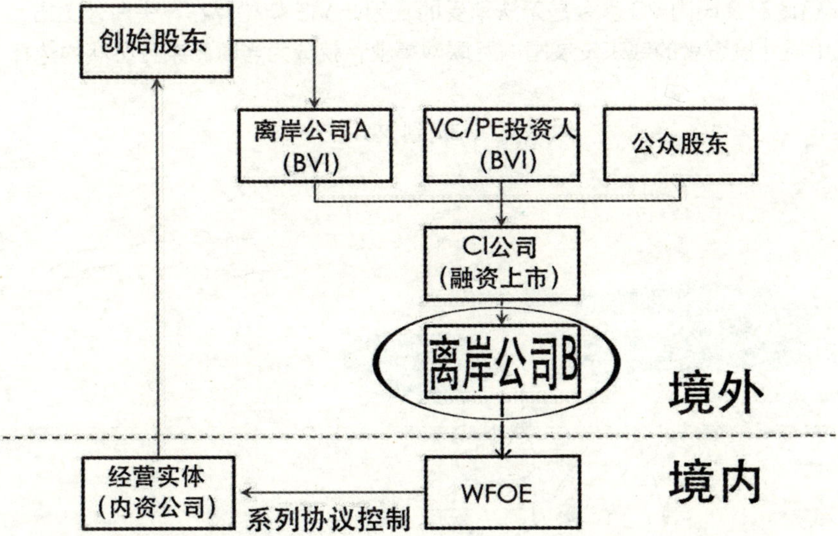

若无离岸公司 B，则一旦 CI 公司要进行资产重组，则需直接处理境内 WFOE 资产，对境内 WFOE 处置需国内商务部门审批，耗时较长。

故设立离岸公司 B，当重组时，直接转让 B 公司股权即可，无须境内审批，体现了交易便捷性。

VIE 模式一直有着较大的争议，存在政策风险、外汇管制风险、公司控制权风险等。但在当时环境下，互联网等企业的发展需要海量资金投入，但政府及国内 VC 基金是无法承受的，因此 VIE 架构存在，去海外上市，用境外投资者的钱来发展国内互联网事业，就成为当时无奈且必然的选择。

好了，就到这儿吧！

随着《外商投资法》等法律法规的颁布，
VIE 架构走向何方，让我们拭目以待。

一句话名词解释

VIE：指可变利益实体 (Variable Interest Entities)，也称“协议控制”，即境外上市实体与境内运营实体相分离，境外上市实体通过协议的方式控制境内运营实体，使该运营实体成为上市实体的可变利益实体。

BVI：指英属维尔京群岛（The British Virgin Islands），是世界上发展最快的海外离岸投资中心之一，是国际著名的避税中心。

CI：指开曼群岛（The Cayman Islands），得名于此地产鳄鱼（西班牙语 caiman)，有“避税天堂”的美誉，是世界第四大离岸金融中心。

WFOE：指外商投资企业 / 外商独资企业 (Wholly Foreign Owned Enterprise）。

图书在版编目(CIP)数据

三折的金融学. 2，金融创新 / 三折人生著. -- 北京：法律出版社，2021(2021.1 重印)
(听三折念“经”系列)
ISBN 978 - 7 - 5197 - 5058 - 9

Ⅰ. ①三… Ⅱ. ①三… Ⅲ. ①金融学 - 通俗读物
Ⅳ. ①F830 - 49

中国版本图书馆 CIP 数据核字(2020)第 202044 号

三折的金融学 2
——金融创新
SANZHE DE JINRONGXUE 2
— JINRONG CHUANGXIN

三折人生 著

策划编辑 冯雨春
责任编辑 冯雨春 张 颖
装帧设计 马 帅

出版 法律出版社
总发行 中国法律图书有限公司
经销 新华书店
印刷 天津嘉恒印务有限公司
责任印制 吕亚莉

编辑统筹 法律应用出版分社
开本 A5
印张 8.125
字数 50 千
版本 2021 年 1 月第 1 版
印次 2021 年 1 月第 2 次印刷

法律出版社/北京市丰台区莲花池西里 7 号(100073)
网址/www.lawpress.com.cn
投稿邮箱/info@lawpress.com.cn
举报维权邮箱/jbwq@lawpress.com.cn
销售热线/400 - 660 - 8393
咨询电话/010 - 63939796

中国法律图书有限公司/北京市丰台区莲花池西里 7 号(100073)
全国各地中法图分、子公司销售电话：
统一销售客服/400 - 660 - 8393/6393
第一法律书店/010 - 83938432/8433 西安分公司/029 - 85330678 重庆分公司/023 - 67453036
上海分公司/021 - 62071639/1636 深圳分公司/0755 - 83072995

书号：ISBN 978 - 7 - 5197 - 5058 - 9 **定价**：48.00 元
(如有缺页或倒装，中国法律图书有限公司负责退换)